अज्ञेय के सृजन में जापान

अज्ञेय के सृजन में जापान

शोध एवं संचयन
रीतारानी पालीवाल

वाणी प्रकाशन

वाणी प्रकाशन

4695, 21-ए, दरियागंज, नयी दिल्ली 110 002

शाखा

अशोक राजपथ, पटना 800 004

फ़ोन: +91 11 23273167 फ़ैक्स: +91 11 23275710

www.vaniprakashan.in
vaniprakashan@gmail.com

AJNEYA KE SRAJAN MEIN JAPAN
Research & Collection Ritarani Paliwal

ISBN : 978-93-5000-846-1
Research

प्रथम संस्करण

मूल्य : ₹ 300

आर. टेक ऑफ़सेट, दिल्ली-110095 में मुद्रित

वाणी प्रकाशन का लोगो मक़बूल फ़िदा हुसेन की कूची से

समर्पण

प्रोफेसर तोषियो तनाका, प्रोफेसर नागुरा, मित्सुयोशी मोरी, अकीको
मोरी, प्रोफेसर योशिफुमी मिजुनो, प्रोफेसर इशिदा, मीवा सुजुकि,
योको देवेनपोर्ट, नाकोयामा, इशिदा कुमिको,
चान त्चाई फों
तथा
तोक्यो, क्योतो, नारा, हिरोशिमा, हकोने, इजु, नगानो, कामाकुरा,
अतामी, गुन्मा की सड़कों, गलियों, मंदिरों-जिंजाओं, पार्कों
बाजारों, ट्रेनों में मुझे मिले उन सब जापानियों को
जिन्हें देखे और मिले बिना मेरा
जीवन बोध और साहित्यिक
संवेदना अधूरी रह
जाती है।

अनुक्रम

	भूमिका	11
1.	अज्ञेय के सृजन-चिन्तन में जापान : जापान प्रवास की कविताएँ	13
2.	'हाइकू' और अज्ञेय	25
3.	अज्ञेय : जापानी प्रेरणा और प्रभाव	39
4.	'उत्तर प्रियदर्शी' : नोह नाट्य प्रयोग	44
5.	'असाध्य वीणा' : पुनःपाठ	61

परिशिष्ट (क)

	आत्मस्वीकृति	79
	अरी ओ करुणा प्रभामय की भूमिका	

परिशिष्ट (ख)

	जापान में लिखी कविताएँ	81
1.	बिकाऊ	81
2.	हे अमिताभ	82
3.	धरा-व्योम	82
4.	नदी तट : एक चित्र	83
5.	दीप पत्थर का	83
6.	एक चित्र	83
7.	अंगूर-बेल	84
8.	क्या हमीं रहे	84
9.	प्यार : अव्यक्त	84
10.	सोन मछली	85
11.	खिड़की एकाएक खुली	85
12.	प्यार : व्यक्त	86
13.	मैं देख रहा हूँ	86
14.	साधना का सत्य	87

15. वह क्या लक्ष्य 87
16. 'द्वारहीन द्वार' 87
17. घाट-घाट का पानी 88
18. आँखें-1 88
19. आँखें-2 89
20. घनी धुन्ध से छाया 89
21. पूनो की साँझ 89
22. रात में गाँव 90
23. पहाड़ी यात्रा 90
24. सागर में ऊब-डूब 90
25. सम्राज्ञी का नैवेद्य-दान 91
26. दाता और भिखारी 92
27. एक हवा-सी बार-बार 92
28. चुप-चाप 93
29. रातभर आते रहे सपने 93
30. रूप-केकी 94
31. रात और दिन 95
32. औद्योगिक बस्ती 96
33. लौटे यात्री का वक्तव्य 97
34. सान्ध्य तारा 98
35. सागर पर भोर 99
36. मैंने कहा पेड़ 99
37. सागर पर साँझ 100

परिशिष्ट (ग)

हाइकू कविताओं के अनुवाद

अरी ओ करुणा प्रभामय

1. जापानी चित्र (हाइकू से प्रभावित) 103
2. शिशिर वसन्त (टोकोकू, जूगो, यासुई, बाशो) 103
3. अरी हवा, अब (हाइकू से प्रभावित) 104
4. सरसों फूली (वूसोन्) 104
5. अलूचे फूले (रीटो) 104
6. वसन्त का सूर्यास्त (टांटान्) 105
7. वसन्त की वर्षा (वूसोन) 105

8.	ताल	(बाशो)	105
9.	पुराना नगर	(बाशो)	105
10.	मछली	(राइजान)	106
11.	विरहिणी	(किगिन्)	106
12.	झिलमिल	(हाइकू से प्रभावित)	106
13.	फूल फिर	(मोरिटाके)	106
14.	झिल्ली रव	(बाशो)	107
15.	सुनी साँझ	(शोहा)	107
16.	डार	(टो सेइ)	107
17.	शरत्पूर्णिमा	(रांसेत्सु)	107
18.	क्वाँर का भोर	(काकेइ, बाशो)	108
19.	जाड़ों का चाँद	(जो सो)	108
20.	तीन चित्र	(बाशो)	108
21.	बोझ	(किकाकू)	109
22.	प्यार	(याहा)	109
23.	डरौने पर कौआ	(हाइकू से प्रभावित)	109
24.	गरम सोते का स्नान	(रांसेत्सु)	109
25.	योनेन् का विदा-गीत		110
26.	रांसेत्सु का मृत्यु-गीत		110
27.	गीत-रोटी	(आत्सुओ ओकी)	110

परिशिष्ट (घ)

जापान प्रेरित लेखन

1.	हिरोशिमा (कविता)	(1959)	111
2.	असाध्य वीणा (कविता)	(1961)	112
3.	उत्तर प्रियदर्शी (गीति-नाट्य)	(1967)	123

परिशिष्ट (ङ)

जापान विषयक लेखन

(डायरी/लेख/चर्चा/रेडियोवार्ता/अनुवाद)

1.	भवन्ती (1972) से	155
2.	अन्तरा (1972) से	156

3. आत्मनेपद/आत्मपरक (1960/62) से 157

(क) थिर हो गयी पत्ती 157

(ख) मैं क्यों लिखता हूँ? 161

4. 'नया प्रतीक' अंक 10, 1975, जापानी साहित्य विशेषांक से विलियम बटलर येट्स द्वारा लिखित 'नो नाटक : एक भूमिका', अज्ञेय द्वारा हिन्दी अनुवाद 164

भूमिका

अज्ञेय के सृजन में जापान की मौजूदगी और इस मौजूदगी के परिणामस्वरूप रचनाकार की संवेदना और सृजन प्रक्रिया में जुड़ी नयी भंगिमाओं और छवियों को तलाशने और मूल्यांकित करने वाली यह पुस्तक लिखी ही न जाती, यदि मुझे सन् 1999 से 2002 के बीच लम्बे समय के लिए जापान में रहने और जापान को निकट से जानने का अवसर न मिला होता। यायावरी के लिए प्रसिद्ध अज्ञेय ने दुनिया के बहुत से देशों की यात्राएँ की थीं, और वहाँ के अनुभवों ने उनके रचना संसार को बहुत तरीके से प्रभावित भी किया; किन्तु 1957 में उनकी जापान यात्रा ने उनके रचना कर्म को कई तरह से नयी दिशा प्रदान की जिसे संवेदना के विविध स्तरों पर महसूस किया जा सकता है। जापानी समाज, कला और साहित्य को निकटता से देखने-समझने के इस अनुभव से अज्ञेय के गद्य और पद्य को विशेष रूप से कविता को नये विषय, नया शिल्प, नयी भंगिमाएँ मिलीं। 1959 में प्रकाशित काव्य-संकलन 'अरी ओ करुणा प्रभामय' की भूमिका में उन्होंने इस बात को स्वीकार भी किया है जापानी कला और काव्य का प्रधान प्रेरणा स्रोत है ज़ेन मत। यह भारतीय 'ध्यान' का ही एक रूप है जो चीन में 'ज़ाज़ेन' और जापान में ज़ेन साधना पद्धति के रूप में विकसित हुआ और धीरे-धीरे जापानी जीवन के हर पक्ष में प्रवेश पाता गया, रहन-सहन, सोच-विचार, कार्य-पद्धति, कलात्मक-सांस्कृतिक अभिव्यक्ति यहाँ तक कि जापान के सुप्रसिद्ध चायोत्सव (चा नो यू) में भी ज़ेन का अन्तःप्रवेश है। ज़ेन की यह सर्वव्याप्ति किसी ऊपरी कर्मकाण्ड का रूप न होकर जीवन पद्धति है जो जापानियत को एक खास पहचान प्रदान करती है। पश्चिम के कई कवियों को जापान की चित्रकला और कविता से एक नयी दृष्टि मिली तो इसलिए कि व्यक्ति के आत्म और बाह्य प्रकृति के बीच एक खास तरह की निकटता उन्हें यहाँ दिखाई दी और इसके साथ ही दिखाई दी लघुतम अथवा न्यूनतम के महत्त्व की स्वीकृति जो उनके अपने भावबोध और संवेदना से बिल्कुल अलग और खास तरह से ताजगी से सम्पृक्त थी। जापानी जीवन और साहित्य का यह भावबोध, जिसकी प्रमुख विशेषता है एकाग्रता और मितकथन—हम भारतीयों के लिए नया होते हुए भी एकदम अपरिचित नहीं है; उनकी कला हमें काफी जानी-पहचानी महसूस होती है। फिर भी उसमें ऐसा बहुत कुछ है जो हमें नयी दृष्टि प्रदान करता है। जब अज्ञेय जैसे प्रयोगशील रचनाकार का जापानी कला और साहित्य से साक्षात्कार होता है तो वह

महसूस करते हैं कि "ज़ेन का साहित्य-भण्डार आज के भारतीय लेखक के लिए भी कितना स्फूर्तिप्रद है। प्रस्तुत संग्रह में अनुवादों को छोड़कर अन्य अनेक कविताओं में भी पूर्व के...प्रभाव मिलेंगे; लेखक सभी का स्वीकारी है।" 'अरी ओ करुणा प्रभामय' में अज्ञेय की यह स्वीकारोक्ति लेखकीय ईमानदारी की दृष्टि से तो महत्त्व रखती ही है औपनिवेशिक प्रभाव-दबाव से मुक्त स्वतन्त्र मानसिकता के विकास की दृष्टि से भी महत्त्वपूर्ण है। पश्चिम की राजनीतिक, आर्थिक गुलामी के परिणामस्वरूप मानसिक रूप से औपनिवेशिक दासता से मुक्ति आज उन सभी समाजों के लिए ज़रूरी है जो साम्राज्यवाद के शिकार रहे हैं।

एशिया के बारे में जानना हम भारतीयों के लिए अपने आपको पहचानने और सुधारने की दृष्टि से महत्त्वपूर्ण है–अपने मौजूदा समय के ज्वलंत प्रश्नों और समस्याओं को समझने और उनका समुचित समाधान पाने के लिए। जहाँ तक अज्ञेय का सवाल है जापान से गहन परिचय ने उनको सर्जनात्मकता में एक नया अध्याय जोड़ा । उनका जापानी सम्पर्क तो 1957 में जापान प्रवास के बाद बढ़ा किन्तु इससे पहले भी वह पश्चिमी जापानविदों के माध्यम से जापानी साहित्य के विशिष्टताओं से परिचित हो चुके थे जिसके परिणामस्वरूप जापान-विषयक उनकी दिलचस्पी और जिज्ञासा गहरी हुई। अपने जापान प्रवास को तो सघन सर्जनात्मक रूप देने में अज्ञेय सफल रहे ही वहाँ के नये और विशिष्ट अनुभवों ने अज्ञेय के लेखन को एक खास ढंग की एकाग्रता और मितकथन की धार दी जिसे उनकी कविताओं में ही नहीं गद्य में भी महसूस किया जा सकता है।

प्रस्तुत पुस्तक अज्ञेय के लेखन के उन सभी पक्षों को सामने लाने का प्रयास है जिन्हें जापान से प्रेरणा मिली है अथवा जो जापान से प्रभावित हैं अथवा जिनमें जापान के प्रति किसी भी तरह का आकर्षण है। पुस्तक के पाँच निबन्धों में अज्ञेय के रचनाकार की निर्मिति में जापान के अवदान के विभिन्न पक्षों को सामने लाने का प्रयास किया गया है। जापान को निकटता से देख पाने का अवसर मिलने के कारण मुझे अज्ञेय में उसकी मौजूदगी पहचानने में थोड़ी सुविधा रही है साथ ही आकर्षण भी। इसे कोई चाहे तो मेरा अपना पूर्वग्रह भी कह सकता है हालाँकि अज्ञेय जी की मानें तो जापान को जानने के बाद कई तरह के पूर्वग्रह स्वतः ही झर जाते हैं।

पुस्तक के दूसरे खण्ड–परिशिष्ट–में अज्ञेय के जापान सम्बन्धी समस्त लेखन-अनुवाद और नज़रिए को पाठकों की सुविधा के लिए एक जगह इकट्ठा कर दिया गया है।

आशा है मेरा यह प्रयास आधुनिक हिन्दी लेखन के एक विशिष्ट पक्ष की ओर पाठकों का ध्यान दिलाने में सक्षम हो सकेगा।

–रीतारानी पालीवाल
प्रोफेसर एवं निदेशक, मानविकी विद्यापीठ
इन्दिरा गांधी राष्ट्रीय मुक्त विश्वविद्यालय, मैदानगढ़ी, नई दिल्ली-110068

1

अज्ञेय के सृजन-चिन्तन में जापान : जापान प्रवास की कविताएँ

1957 के वसन्त में अज्ञेय जापान गये और शिशिर तक रहे। इस जापान प्रवास काल (अप्रैल, 1957 से जनवरी, 1958) ने उनके रचनाकर्म को बहुत गहराई से और कई तरह से प्रभावित किया। अपनी यायावरी प्रवृत्ति के लिए प्रसिद्ध अज्ञेय ने बहुत-सी यात्राएँ कीं और उन सभी यात्राओं ने उनके सृजन को बहुत कुछ दिया किन्तु जापान यात्रा ने जितना दिया उतना किसी अन्य यात्रा ने नहीं। कहना चाहिए कि जापान ने उनके रचनाकर्म में नया अध्याय जोड़ा—नयी दृष्टि, नयी छवियाँ, नयी भंगिमाएँ और नये सरोकार प्रदान किये। 1959 में प्रकाशित काव्य संग्रह 'अरी ओ करुणा प्रभामय', अज्ञेय के जापानी सरोकारों को कई तरह से प्रस्तुत करता है—इस संग्रह में शामिल जापानी हाइकू के अनुवाद, जापान प्रवास के दौरान लिखी गयी कविताएँ, भारत लौटने के पश्चात् लिखी गयी जापान विषयक कविता 'हिरोशिमा' और इस संग्रह की 'भूमिका' का महत्त्व केवल जापान प्रवास की देन के रूप में ही नहीं है; महत्त्वपूर्ण बात यह है कि जापान से इस अन्तरंग साक्षात्कार और संवाद ने अज्ञेय की अगली रचनाओं को किस तरह प्रभावित किया—रचनाकार व्यक्तित्व को किस तरह ढाला। 'अरी ओ करुणा प्रभामय' की भूमिका में अज्ञेय ने अपने ऊपर जापान का ऋण तो स्वीकार किया ही है जापान से मिली प्रेरणा और नयी दृष्टि का उल्लेख भी किया है।

पश्चिम के लिए एशिया एक अद्भुत आकर्षण और जिज्ञासा का विषय रहा। विलियम जोन्स, गेटे, मैक्समुलर : कहना चाहिए कि आरिएंटलिज्म का पूरा प्रोजेक्ट इसी मानसिकता की देन था जिसने पश्चिम को कई तरह से प्रभावित भी किया था। जापान यात्रा से पहले अज्ञेय एज़रा पाउंड, फेनोलेसा, डब्ल्यू., बी.येट्स आदि पश्चिमी रचनाकारों पर जापान के प्रभावों से भली-भाँति परिचित थे और जापान के विषय में काफी कुछ पढ़ चुके थे। किन्तु जापान प्रवास के दौरान ज़ेन बौद्ध सम्प्रदाय को निकटता से जानने-समझने, जापानी कला, साहित्य-संस्कृति और जीवन को निकटता से देखने की प्रक्रिया में उन्हें नयी अन्तर्दृष्टि और नया बोध मिला जो पश्चिमी लेखकों से अलग और गहरा था—

—"जापान के ज़ेन बौद्ध सम्प्रदाय की विचार और साधना-पद्धतियों का, और

तत्सम्बन्धी साहित्य और वृत्त का भी, लेखक आभारी है। प्रत्येक साधना दृष्टि देती है : कला के सन्दर्भ में किसी भी 'देखने' में कुछ 'न देखना' भी सम्मिलित होता है क्योंकि कला-दृष्टि अनिवार्यतया वृत्तिधर्मा (सेलेक्टिव) है। कला-दृष्टि की सम्पूर्णता अनेक की विवृत्तियों के जोड़ का नहीं, एक के सारभूत तादृशत्व का नाम है। चीन और जापान की चित्रकला और जापान की काव्य-कला से, पश्चिम के कई कवियों ने नयी दृष्टि पायी। हम भारतवासी जो केवल 'पूर्व' के होने के नाते 'दूर पूर्व' और 'पश्चिम' के बीच में आते हैं, इन देशों की कला से उतने दूर नहीं हैं जितने फ्रांस और जर्मनी के कवि थे। फिर भी हम उनसे नयी दृष्टि पा सकते हैं—उनकी परम्परा में भारत की जो देन रही है उसी के तद्देशीय रूप से भी। जापानी 'ज़ेन' भारतीय 'ध्यान' का ही रूप है, किन्तु ज़ेन का साहित्य-भण्डार आज के भारतीय लेखक के लिए भी कितना स्फूर्तिप्रद!" (भूमिका—'अरी ओ करुणा प्रभामय' पृ. 10)

यहाँ ध्यान देने की चीज़ है जापान के प्रति एशियायी और खासकर भारतीय नज़रिया। जापान हमारे लिए महज इसलिए ही विशेष महत्त्वपूर्ण नहीं है कि पश्चिम के रचनाकारों को उसने प्रभावित किया है। पश्चिम ने पूर्व को अपनी निगाह से देखा है वैज्ञानिक-औद्योगिक उन्नति के अपने श्रेष्ठता बोध और अपने पूर्वाग्रहों के साथ, अपने इतिहास बोध के साथ, अपनी औपनिवेशिक और साम्राज्यवादी मानसिकता के साथ। किन्तु अज्ञेय जापान को एक जागरूक, संवेदनशील भारतीय रचनाकार की दृष्टि से जानने-समझने का प्रयास करते हैं तो जापान की इस बात से प्रभावित होते हैं कि अन्य से दर्शन, दृष्टि, कला या संस्कृति ग्रहण करके भी वह उसमें किस तरह से अपना बहुत कुछ जोड़ सकता है? अपनी मौलिकता से उनमें कैसा नवोन्मेष कर सकता है कि बाहर से आयी वस्तु में भी ठोस जापानियत की रंगत दिखायी दे—ऐसी रंगत जो दूसरों को नयी दृष्टि देने में सक्षम हो। भारतीय 'ध्यान' चीन होते हुए जापान पहुँचकर 'ज़ेन' हो गया। ज़ेन सम्प्रदाय की विचार और साधना पद्धति जापानी बौद्ध भिक्षुओं के बीच विकसित होकर जापानी जीवन और संस्कृति का अविभाज्य अंग बन गयी। राजदरबार से लेकर जन सामान्य तक की जीवन-पद्धति को उसने एक ठोस वैचारिक और आचरणगत आधार प्रदान किया जिसे जापानी चित्रकला, साहित्य, स्थापत्य, मूर्तिकला, संगीत, नृत्य, अभिनय में ही नहीं रोजमर्रा के रहन-सहन में, सोचने-महसूस करने में, उठने-बैठने में, खाने-पीने के तौर-तरीकों में भी देखा-महसूस किया जा सकता है। जापानी साइके की निर्मिति में ज़ेन की यह भूमिका भारतीय मानस के लिए किस तरह मूल्यवान है इसकी पहचान औपनिवेशिक दृष्टि से मुक्त अज्ञेय की स्वाधीन दृष्टि करती है। अज्ञेय की जापान में रहते हुए लिखी गयी कविताएँ 'अरी ओ करुणा प्रभामय', के 'रोपायत्री', 'रूप केकी' और 'द्वारहीन द्वार' खण्डों में है। इसके साथ-साथ जापान जाने से पहले या बाद में लिखी

गयी कविताएँ भी इसमें शामिल हैं। 'अरी ओ करुणा प्रभामय' की भूमिका में अथवा कविता के साथ यह उल्लेख नहीं है कि कौन-सी कविता कब और कहाँ लिखी गयी। बाद में सन् 1986 में जब 'सदानीरा' के दो खण्डों में अज्ञेय ने अपनी 1981 तक लिखी समस्त कविताएँ संकलित करके छपवाईं तो कविता लेखन के स्थान और तिथि का भी उल्लेख किया। जापान प्रवास के दौरान लिखी कविताएँ 'सदानीरा' (खण्ड दो) में संकलित हैं इन छोटी-बड़ी 37 कविताओं के नीचे इनकी लेखन तिथि और स्थान का उल्लेख है। ये कविताएँ जापान के तोक्यो, क्योतो, नारा, ओसाका, हिरोशिमा, अतामी, निक्को आदि स्थलों के भ्रमण के दौरान लिखी गयी हैं। 'बिकाऊ', 'हे अमिताभ', 'धरा व्योम', 'दीप पत्थर का', 'सोन मछली', 'साधना का सत्य', 'द्वारहीन द्वार', 'पूनो की साँझ', 'सम्राज्ञी का नैवेद्य दान', 'दाता और भिखारी', 'औद्योगिक बस्ती', 'रूप-केकी', 'सागर पर साँझ' आदि महत्त्वपूर्ण कविताएँ इनमें शामिल हैं।

ध्यान देने की बात यह है कि जापान के स्थल विशेष पर तात्कालिक सपाट प्रतिक्रिया में लिखी गयी कोई कविता यहाँ नहीं है; न ही जापानी प्रकृति की किसी अत्यन्त निजी छवि का कोई भावनात्मक विवरण है। यहाँ तक कि बसन्त और शरद में साकुरा के नीचे 'हाना मात्सूरी' अथवा 'मोमिजी' जैसी विशिष्ट जापानी अभिरुचियों के उत्साह का भी नोटिस नहीं लिया गया है। इन कविताओं में अज्ञेय के भारतीय मन में जो चीज़ तेजी से कौंधती है वह है गौतम बुद्ध की अपार करुणा। 'हे अमिताभ', 'धरा व्योम', 'सम्राज्ञी का नैवेद्य दान', 'चुपचाप' कविताएँ मानव हृदय और प्रकृति के साथ तदाकार होती हुई करुणा का विस्तार हैं।

काव्य वस्तु जापानी इतिहास की घटना है। कहा जाता है कि जापान की सम्राज्ञी कोमियो नारा (जापान की प्राचीन राजधानी) के सुप्रसिद्ध मन्दिर अमिदाजी जाते समय इस असमंजस में पड़ गयीं कि महाबुद्ध को क्या नैवेद्य चढ़ाएँ; और फिर खाली हाथ ही गयीं। इस घटना की मानसिकता को अज्ञेय करुणा और अहिंसा के भावबोध से सम्पृक्त करके देखते हैं। अज्ञेय, जिनकी कविता की शक्ति अमूर्तन में है, यहाँ करुणा के अपरिमित विस्तार में सम्मूर्तन पर आ जाते हैं—

मुझे सुनाती
जीवन के विह्वल सुख-क्षण का गीत—
खोलती रूप जगत् के द्वार जहाँ
तेरी करुणा
बुनती रहती
भव के सपनों, क्षण के आनन्दों के
रहः सूत्र अविराम—
उस भोली मुग्धा को

कँपती
डाली को विलगा न सकी।

दूसरों द्वारा तोड़कर लाये गये फूलों को सम्राज्ञी नैवेद्य के उपयुक्त नहीं मानती और स्वयं फूल तोड़ना हिंसा मानती है क्योंकि सम्पूर्ण प्रकृति को प्राणिमात्र से अभिन्न समझती हैं। फूल में उसे बुद्ध की अपार करुणा के विस्तार की अभिव्यक्ति रूपी इस संसार के आनन्द के गीत गाती प्रकृति का भोला मुग्धा रूप दिखाई देता है, अतः उन्हें डाल से विच्छन्न नहीं करना चाहतीं। डाली पर पल्लवित पुलकित सुख की अभिव्यक्ति रूप पुष्पों को अक्षत, अनाघ्रात रूप में महाबुद्ध को अर्पित करती हैं—

जो कली खिलेगी जहाँ, खिली,
जो फूल जहाँ है,
जो भी सुख
जिस भी डाली पर
हुआ पल्लवित, पुलकित,
मैं उसे वहीं पर
अक्षत, अनाघ्रात, अस्पृष्ट, अनाविल
हे महाबुद्ध
अर्पित करती हूँ तुझे।

वहीं-वहीं प्रत्येक भरे प्याला जीवन का
वहीं-वहीं नैवेद्य चढ़ा
अपने सुन्दर आनन्द-निमिष का,
तेरा हो,
हे विगतागत के, वर्तमान के पद्मकोष!
हे महाबुद्ध!

('सम्राज्ञी का नैवेद्यदान' तोक्यो, 25 सितम्बर, 1957)

6 सितम्बर, 1957 को क्योतो में रची गयी 'हे अमिताभ' नामक कविता अवलोकितेश्वर महाबुद्ध की असीम करुणा के विस्तार को चित्रित करती है। 'धरा व्योम' कविता उसी दिन नारा में रची गयी जो सम्भवतया 'हे अमिताभ' का ही विस्तार है। इसमें धरती से उगती क्षमा और आकाश से झरती करुणा की व्याप्ति के परिणामस्वरूप नदी, झरने, सागर की तरह उमड़ते जीवन की आशा का उल्लास है—

अंकुरित धरा से क्षमा
व्योम से झरी रुपहली करुणा।
सरि, सागर, सोते-निझर-सा

उमड़े जीवन;
कहीं नहीं है मरना

(*'धारा व्योम'* नारा, जापान 6 सितम्बर, 1957)

जापान के विशिष्ट सांस्कृतिक शिल्प पर लिखी गयी कविता है 'दीप पत्थर का'। जापानी मन्दिरों के प्रांगण में और द्वार पर पत्थर की दीवट (दीपाधार) बनी होती है जिसके भीतर कभी दीपक अथवा मोमबत्ती रखी जाती रही होगी। आजकल बिजली के प्रकाश की व्यवस्था के जमाने में ये दीवटें प्रकाश के लिए इस्तेमाल नहीं होतीं किन्तु पारम्परिक सांस्कृतिक धरोहर के रूप में ये आज भी अपना प्रकाश फैलाए हैं। इस दीवट पर लिखी कविता में दीपक के मद्धिम लजीले प्रकाश की धीरे-धीरे फैलती सौम्य शान्त किरणों की तरह प्रभापूर्ण करुणा के विस्तार की आकांक्षा, प्रतीक्षा और ललक है। कब यह करुणा संसार में अपना प्रकाश बिखेरकर मानव के दुखों का हरण करेगी। पुरातत्व शास्त्री पिता के सान्निध्य में अज्ञेय की आरम्भिक शिक्षा संस्कृत की मौखिक परम्परा में ही हुई थी। प्राचीन भारत और बौद्ध धर्म से अज्ञेय का परिचय आम भारतीय से कहीं ज्यादा और गहरा था। जापानी जीवन में उन्हें बुद्ध की गहन व्याप्ति दिखाई दी। गौतम बुद्ध की असीम करुणा के वास्तविक विस्तार की प्रतीक्षा की सर्जनात्मक अभिव्यक्ति इस कविता में हुई है—

दीप पत्थर का
लजीली किरण की
पदचाप नीरव
अरी ओ करुणा प्रभामय
कब? कब?

—क्योतो, जापान 9 सितम्बर, 1957

इस प्रवास काल की अन्य कविताएँ नयी कविता के भावबोध—अमूर्तता, बहुलार्थकता, व्यंग्य, सन्त्रास और मोहभंग की मानसिकता को व्यक्त करती हैं। 'बिकाऊ', 'सागर में ऊब-डूब', 'दाता और भिखारी', 'रात और दिन', 'सागर पर साँझ' आदि कविताओं में आधुनिक जीवन की बिडम्बना और पीड़ा, अकेलेपन और ऊब की मनः स्थितियों के साथ ही प्रकृति की लय में आस्था का स्वर भी मौजूद है; प्रकृति के साथ तदाकार हो उससे प्रेरणा पाने की, आत्म-विस्तार की एशियायी मानसिकता इन कविताओं में विशेष रूप से देखी जा सकती है—

चुप-चाप
चुप-चाप चुप-चाप
झरने का स्वर
हम में झर जाय

चुप-चाप चुप-चाप
हम पुलकित हो विराट् में डूबें
पर विराट् हम में मिल जाय–
चुप-चाप चुप-चाप...

10 अक्टूबर, 1957 (शरद पूर्णिमा) को जापान के सुप्रसिद्ध सांस्कृतिक केन्द्र निक्को के चुज़ेनजी मन्दिर में लिखी गयी इस कविता को कोई चाहे तो रहस्यवादी भी कह सकता है। लेकिन जिसने जापान के ज़ेन बौद्ध मन्दिरों में प्रकृति की नीरवता के साथ अपने को तदाकार करते हुए चित्त-परिष्कार-संस्कार की जीवन-पद्धति और सादगी में बसे सौन्दर्य के आह्लाद को देखा-महसूस किया है। वह निश्चित तौर पर कह सकता है कि जापानी संस्कृति में अन्तःप्रवेश के बिना यह कविता लिखी ही नहीं जा सकती थी। जापान प्रवास के दौरान अज्ञेय के संवेदनशील कवि के समक्ष उद्घाटित नये सौन्दर्यबोध–जो हम भारतीयों के लिए नया होकर भी सुपरिचित-सा प्रतीत होता है–में रची-बसी ये छोटी-छोटी कविताएँ हाइकू के प्रति अज्ञेय के आकर्षण और आगे चलकर हाइकू के अनुवादों या हाइकू लिखने की पृष्ठभूमि बनती हैं। हाइकू का आधार होता है प्रकृति के किसी दृश्य अथवा घटना के क्षण विशेष से तदाकार होना, उसमें अर्थ पाना और इस अनुभूति की तत्काल और सादगीपूर्ण अभिव्यक्ति। आगे प्रस्तुत दो कविताएँ इसी मनःस्थिति को प्रकट करती हैं–

घनी धुन्ध से छाया

घनी धुन्ध से छाया निकली
क्षण भर में फिर
घनी धुन्ध में गयी चली

उस क्षण में मुझको आलोक मिला,
रस मिला, चिरन्तन दृष्टि मिली।

–तोक्यो, 17 सितम्बर, 1957

प्राकृतिक घटना से मिला आलोक, रस, चिरन्तन दृष्टि क्या है–'सतोरी' के अनुभव का प्रयास ही न? इसी तरह अगली कविता है–

पूनी की साँझ

पति-सेवा रत साँझ
उचकता देख पराया चाँद
लला कर ओट हो गयी।

–1 सितम्बर, 1959

पूर्णिमा की साँझ का यह नया टटका-सा शब्द-चित्र अपने भावबोध में पचास वर्ष पुरानी भारतीय ठेठ देशी मनःस्थिति और व्यवहार के बहुत निकट महसूस होता

है—उचकना, लज्जा से लाल हो जाना, ओट हो जाना (छिप जाना) आदि ठेठ भारतीय हाव-भाव प्रतीत होते हैं किन्तु अनुभूति की गहनता और अभिव्यक्ति कसावट लिये यह कविता अपने गठन-विन्यास में हाइकू प्रतीत होती है। इस तरह के हाइकू प्रयास इस अवधि की कई कविताओं में दिखाई देते हैं। अज्ञेय की अत्यधिक विवादास्पद और प्रसिद्ध कविता 'सोन मछली' भी इसी दौरान लिखी गयी थी—

सोन मछली

हम निहारते रूप,
काँच के पीछे
हाँफ रही है मछली

रूप तृषा भी
(और काँच के पीछे)
है जिजीविषा।

—क्योतो, 10 सितम्बर, 1957

अपने बिम्ब में स्पष्ट एवं सचित्र होने के बावजूद व्याख्या में यह कविता काफी जटिल और अनिश्चित रही है, यह कहें कि अर्थ की अनेकानेक सम्भावनाओं से भरी रही है। हिन्दी के दो पीढ़ियों के मूर्धन्य आलोचकगण इससे लगातार जूझते रहे हैं। डॉ. नगेन्द्र ने 'रस सिद्धान्त' नामक अपनी पुस्तक में नयी कविता पर रस प्रतिमानों को लागू करते समय इस कविता को उदाहरण के लिए चुना और इसके बिम्ब को रस प्रक्रिया में व्याख्यायित किया ('रस सिद्धान्त', पृ. 356-357)। वहीं डॉ. नामवर सिंह ने नयी कविता पर रस-प्रतिमान को लागू करने के डॉ. नगेन्द्र के प्रयास को इसी कविता के उदाहरण द्वारा चुनौती दी—"सैद्धान्तिक स्तर पर इस सहृदयता को चाहे जितने शब्दों एवं युक्तियों से सज्जित किया जाये, किन्तु एक छोटी-सी कविता भी सिद्धान्त के बड़े से बड़े गुब्बारे के लिए आलपिन हो जाती है। उदाहरण के लिए 'रस सिद्धान्त' में अज्ञेय की 'सोन मछली' कविता का...विवेचन।" ('कविता के नये प्रतिमान', पृ. 23-24) डॉ. रामविलास शर्मा ने भी अपनी पुस्तक 'नयी कविता और अस्तित्ववाद' में इस कविता के आधार पर अज्ञेय को रूपवादी सिद्ध करने का प्रयास किया है। दिलचस्प बात यह है कि नगेन्द्र और अज्ञेय पर प्रहार के रूप में इस्तेमाल के बावजूद डॉ. नामवर सिंह और डॉ. रामविलास शर्मा, दोनों ने ही इस कविता की व्याख्या का प्रयास नहीं किया है।

अज्ञेय ने स्वयं ही 'आत्मनेपद' में इस कविता में निहित गूढ़ार्थ को खोजने और स्पष्ट करने का प्रयास किया है। किन्तु अपनी अमूर्तता और जटिलता के कारण वह और भी अस्पष्ट होता रहा है :

"जीवन स्वप्नों और आकारों का एक रंगीन और विस्मय भरा पुंज। हम चाहें

तो उस रूप में ही उलझे रह सकते हैं; किन्तु रूप का यह आकर्षण भी वास्तव में जीवन के प्रति हमारे आकर्षण का ही प्रतिबिम्ब है। जीवन को सीधे न देखकर हम काँच में से देखते हैं, तो हम उन रूपों में ही अटक जाते हैं जिनके द्वारा जीवन अभिव्यक्ति पाता है। काँच की टंकी में पाली हुई सोन मछली पर कविता में यही कहा गया है। मछली का प्रतीक कोई नया नहीं है। प्रतीकार्थ अलग-अलग होते रहें वह दूसरी बात है। पर कुछ विशेष प्रतीक रूप ऐसे होते हैं जो चिरकाल के लिए स्थित हो जाते हैं, व्यापक हो जाते हैं। यह इसीलिए है कि प्रतीक वास्तव में ज्ञान का एक उपकरण है। जो सीधे-सीधे अभिधा में नहीं बँधता उसे आत्मसात् करने या प्रेषित करने के लिए प्रतीक काम देते हैं। जो जिज्ञासाएँ सनातन हैं उनका निराकरण करने वाले प्रतीक भी सनातन हो जाते हैं।" ('आत्मनेपद'—'आत्मपरक', पृ. 42)

वस्तुतः इस कविता में सांस्कृतिक मन और आधुनिक प्रायोगिक मन एक-दूसरे से ऐसा चिपक गया है कि अर्थ सन्दर्भ को ही पकड़ पाना चुनौतीपूर्ण काम हो जाता है। प्रबुद्ध पाठक अनुमान के सहारे या कुछ शब्द-प्रतीकों को पकड़कर इसमें अर्थ सृष्टि करता है।

मछली का पारम्परिक प्रतीक और 'रूप' का पारम्परिक अर्थ—'नाना रूपात्मक जगत्' के सन्दर्भ में और फिर उसके साथ आधुनिक विज्ञान-प्रौद्योगिकी के जमाने में बदलते हुए तथा जटिल होते हुए अर्थ सन्दर्भ इस कविता में एक-साथ गड्ड-मड्ड हो गये हैं। प्राकृतिक जीवन का प्रतीक मछली काँच की टंकी में बन्द है। यानी उन्मुक्त प्रकृति आज की सभ्यता की जटिलता में आबद्ध है। यहाँ मानव निर्मित व्यवस्था का सौन्दर्य है काँच में मछली पालने का शौक, दूसरी ओर मछली की जिजीविषा है प्रकृति की सहज व्यवस्था में।

कविता का शीर्षक 'सोन मछली' अपने आप में ही दुर्लभ और अप्राप्य को पाने की लालसा का ही प्रतीक है जिसकी परिणति भी स्वर्ण मृग की आकांक्षा की भाँति कष्टदायी होती है। हाँफती हुई मछली, रूप तृषा, जिजीविषा के बिम्ब तड़प, आकांक्षा और उससे जुड़े सुख-दुख के अनेक सन्दर्भ इस कविता में मौजूद हैं।

प्रवास के उत्तर काल में लिखी गयी कविताओं, खासतौर से दिसम्बर 1957 से जनवरी 1958 के दौरान लिखी कविताओं, का भावबोध और मिज़ाज बदला हुआ है। जापान के प्रवास का आधे से अधिक समय तोक्यो, क्योतो, नारा, निक्को आदि सांस्कृतिक-प्राकृतिक स्थलों को देखने-समझने साहित्यिक अध्ययन से गुजरने का समय था। अतः इन दिनों लिखी गयी कविताएँ जापान से सांस्कृतिक-साहित्यिक संवाद से जन्मी कविताएँ हैं। दिसम्बर 1957 से जनवरी 1958 के दौरान अज्ञेय ने ओसाका-हिरोशिमा यात्राएँ की थी। जापान के औद्योगिक नगर ओसाका और विश्वयुद्ध में अणुबम की विनाशलीला झेलने के बाद पुनः निर्मित हिरोशिमा की

यात्राएँ बिलकुल भिन्न मानसिकता की निर्मिति करती हैं। 16 दिसम्बर, 1957 को क्योतो से ओसाका जाते हुए रेल में लिखी कविता 'रूप-केकी' प्रकृति से तदाकार मानसिकता की कविता है किन्तु 18 दिसम्बर, 1957 को ओसाका में लिखी 'रात और दिन' कविता आधुनिक भावबोध की—औद्योगिक विकास की सभ्यता के बीच मनुष्य के अकेलेपन और पराएपन के सन्त्रास की कविता है—

दिन खुलता है
बड़े शहर के
शोर भरे बीहड़ में बेकल दौड़ रहे
उखड़े लोगों की भीड़ों में—
मोड़-मोड़ पर जिन्हें इश्तिहारों के
रंग-बिरंगे कोड़े
चलता रखते हैं रंगीन सनसनी की तलाश में

रात अकेले में
झीनी सी छाया एक खड़ी रहती है सिरहाने,
कहती है शब्द बिना :
'तुम मेरे हो,
मैं कहीं रहूँ, यह मेरा स्नेह कवच-सा तुम्हें ढके रहता है'

दिन के जन संकुल में
भीड़पने की लहरों के अनवरत थपेड़े
निर्मम दुहराते जाते हैं :
'तुम अपने नहीं, पराये हो,
हम चाहे जितना गले मिलें
चाहे जितना हग गुरकानों के बिछा पाँवड़े
बरसाएँ स्वागत पंखुड़ियाँ,
तुम-तुम हो—
अजनबी एक, बेमेल, बिराने'

1950 का दशक आजाद भारत में औद्योगिक विकास की तेज लहर का समय था और जापान भी मित्र राष्ट्रों के सात वर्ष के आधिपत्य के बाद मुक्त होकर औद्योगिक प्रगति के चरम लक्ष्य की ओर तेजी से दौड़ रहा था। वैज्ञानिक औद्योगिक विकास की होड़ में दौड़ते मनुष्य की परिणति भाव एवं संवेदन की शून्यता में होती है। यह अहसास रचनाकार मन किस तरह करता है इसकी अभिव्यक्ति है 'औद्योगिक बस्ती' नामक कविता—

"पहाड़ियों से घिरी हुई इस छोटी-सी घाटी में
ये मुँहझौंसी चिमनियाँ बराबर
धुआँ उगलती जाती हैं।
भीतर जलते लाल धातु के साथ
कमकरों की दुःसाध्य विषमताएँ भी
तप्त उबलती जाती हैं
बँधी लीक पर रेलें लादे माल
चिहुँकती और रँभाती अफराए डाँगर-सी
ठिलती चलती जाती हैं।

उद्यम की कड़ी-कड़ी में बँधते जाते मुक्तिकाम
मानव की आशाएँ ही पल-पल
उसको छलती जाती हैं।"

ओसाका-हिरोशिमा के बीच रेल यात्रा में 17 दिसम्बर, 1957 को लिखी यह कविता औद्योगिक क्रान्ति के अभिशापों में पिसते मनुष्य के लिए चिन्तित वर्ड्सवर्थ-कॉलरिज आदि अंग्रेजी स्वच्छन्दतावादी कवियों की याद दिलाती है। अगले ही दिन 18 दिसम्बर, 1957 को हिरोशिमा में लिखी गयी कविता 'लौटे यात्री का वक्तव्य' सत्ता-प्रतिष्ठान और उसकी आज्ञाएँ ढोने वाले श्रमजीवी के बीच के अन्तर के विरोधाभास को उभारने के साथ-साथ उसके बाजारवादी-साम्राज्यवाद के चेहरे को उजागर करती है। हिरोशिमा के सन्दर्भ में यह कविता अर्थ की अनेक पर्तें अधिक गहराई से खोलती है क्योंकि 1945 में विनाश करने वाली शक्तियाँ ही इसके निर्माण में खुली उदार सहायता का दावा भी करती रही हैं–

सभी जगह
जो उपजाता है अन्न, पालता है सबको,
उसकी झुकी कमर है।

सभी जगह
जो शास्ता है, बागडोर थामे है, उसकी दीठ मन्द है–
आँखों पर चढ़ा हुआ चश्मा जो
प्रायः धूमिल भी होता है।

सभी जगह
जिसकी मुट्ठी में ताकत है,
उसका भेजा है एक ओर भेड़िये,

दूसरी ओर मर्कट का।

सभी जगह
जो मूल्यवान है सकुचा रहता है; अदृश्य, सीपी के मोती-सा,
जो मिलता नहीं बिना सागर में डूबे;

सभी जगह
जो छिछला है, ओछा है
नकली कीमखाब पर सजा हुआ बैठा है लकदक,
चौंधाता आँखों को, जब तक ठोकर लगे, पैर रपटे
या जेब कटे, नीयत बिगड़े, हो मति भ्रंश
दिल, डँसा जाय।

सभी जगह
है प्रश्न एक
क्या दोगे? कितना दे सकते हो?

यही पूछते हैं जो फिर भेदक आँखों से
लेते हैं टटोल अंटी में क्या है:
यही दूसरे पूछ, नाप लेते हैं कितना
लहू देह में बाकी होगा:

यही तीसरे, आँक रहे जो
मांस-पेशियों में कितना श्रम बल
(बिना छुए या टोडे जैसे चूज़े को गाहक टोता है)

यही और, जो तिनकों को सिखलाते
बँधी हुई गड्डी की ताकत, किन्तु बाँधने वाला तार
सदा अपनी मुट्ठी में रखते हैं
यही और जिनकी लोलुपता
देने का आमन्त्रण सब को देती है,
क्योंकि सिवा इस देने के बस उनको लेना ही लेना है।

और तभी कविता बड़े नाटकीय ढंग से जीवन का, समाज का, मनुष्य का दूसरा रूप—सदा से काम्य रूप सामने खड़ा करती है। 'प्रेमापुमर्थो महान्' की परम्परा में

सिक्त कवि का मन करुणा में रमे अनासक्त भाव की ओर मुड़ता है और कहने लगता है–

और यही वे भी, जिनकी जिज्ञासा–
कभी नहीं होती रूपायित मुखरित
जो अनासक्त हैं, जिन्हें स्वयं कुछ नहीं किसी से लेना है;
क्या दोगे? कितना दोगे–दे सकते हो–
मुझे नहीं, जगभर को, जीवन भर को,
प्यार?

जापान प्रवास के दौरान लिखी गयी यह थोड़ी-सी कविताएँ इस तथ्य की झलक देती हैं कि इस यात्रा से अज्ञेय के चिन्तन और कविकर्म में गहन भराव आया और कविकर्म एक नये तरह के वैचारिक आलोक से दमक उठा। यात्राएँ उन्होंने बहुत कीं लेकिन जापान उनके मन में जैसे रचा-बसा वैसे अन्य कोई देश नहीं। वहाँ के सागर, प्रकृति और जीवन-दृष्टि ने अज्ञेय को राग-दीप्त काव्यानुभों की छवियों से आलोकित किया। उनके द्वारा किये गये हाइकू कविताओं के अनुवाद में, लिखे गये हाइकू में जापान सीधे-सीधे दिखाई देता है किन्तु जापान उनके सृजन में यहीं तक नहीं है। उनके समस्त रचना कर्म में उसकी प्रत्यक्ष-अप्रत्यक्ष अनुगूँज महसूस की जा सकती है।

2

'हाइकू' और अज्ञेय

जापानी कविता के सुप्रसिद्ध रूप 'हाइकू' से हिन्दी संसार का परिचय अज्ञेय के माध्यम से हुआ। रवीन्द्रनाथ टैगोर जब जापान गये और कुछ समय रहे तब वे इस विशिष्ट कविता की ओर इतने ज्यादा आकृष्ट हुए कि बांग्ला में हाइकू लिखने के लिए विवश हो गये। अज्ञेय के साथ भी लगभग वैसा ही हुआ। उनके जापान प्रवास की उपलब्धियों में सर्वाधिक महत्त्वपूर्ण हैं उनके द्वारा किये गये हाइकू के अनुवाद और हाइकू लेखन।

'हाइकू' जापानी साहित्य की अनोखी उपलब्धि मानी जाती है काव्य रूप की दृष्टि से इन्हें लघु मुक्तक कहा जा सकता है। तीन पंक्तियों की इस कविता में 5-7-5 वर्ण होते हैं। इस तरह अपने आकार में यह दुनिया की लघुतम किन्तु अपने आप में स्वतःपूर्ण कविता होती है। खास बात यह है कि जापानी संस्कृति और परम्परा में जन्मा और पला हाइकू जापानी जनमानस और सौन्दर्य चेतना का प्रतिनिधि काव्य है। अपनी संक्षिप्तता, शब्द की मितव्ययता, सादगी, सुरुचि, प्रकृति से क्षणभर के लिए तदाकार होने की, उसके साथ ऐक्य की अनुभूति की तत्क्षण और सहज अभिव्यक्ति के लिए प्रसिद्ध हाइकू एक अनोखा काव्य रूप है। इसमें कई विचारधाराएँ, मानसिकताएँ और जीवनदृष्टियाँ एक साथ मौजूद रहती हैं—बौद्ध धर्म (अपने भारतीय आदिरूप के साथ ही चीनी-जापानी प्रभावों से सम्पन्न रूप में) विशेषकर ज़ेन बौद्ध सम्प्रदाय के रूप में, चीनी दर्शन परम्परा और प्राच्य संस्कृति तथा आम जापानी व्यक्ति के चित्त की बनावट। यह भी कहा जा सकता है और यह कोई अतिशयोक्ति नहीं बल्कि असलियत है कि एक 'हाइकू' में इन सब ही की झाँकी मिल जाती है अथवा 'हाइकू' इन सबका दर्पण है।

सुप्रसिद्ध हाइकूविद् आर.एच.ब्लिथ के शब्दों में कहें तो हाइकू समग्र पूर्वी संस्कृति का श्रेष्ठतम पुष्प हैं; यह एक जीवन पद्धति भी है। इस दृष्टि से हाइकू को ज़ेन के नजरिए से समझा जाना चाहिए। ज़ेन साधना के माध्यम से व्यक्ति उस मनोदशा में पहुँचता है जहाँ हम अन्य चीज़ों को अपने से अलग न मानकर उन्हें अपने ही समरूप अथवा अपने से अभिन्न महसूस करते हैं; और इसके बावजूद अपनी वैयक्तिकता और अपने व्यक्तिगत अनूठेपन को भी सुरक्षित रखते हैं। हाइकू

इस मनोदशा की काव्यात्मक अभिव्यक्ति है; इस मनोदशा को जीवन में उतारना है, इसके साथ जीना है। इसलिए हाइकू की अपनी परम्परा है, नियम और मानदण्ड है, लक्ष्य और निष्पत्तियाँ हैं—चीज़ों को देखने की एक परम्परा, जीवन जीने का एक तरीका, मन की एक सुकुमारता और लघुता है जो भव्यता, असीमता अथवा विशालता और शाश्वता से अपरिहार्य रूप से दूर रहती है। आकृष्ट होने और भावुक होने की प्रवृत्ति इसकी कमजोरी है; किन्तु यह गीतात्मकता और सहज अथवा सचेत बौद्धिकता से बचता है।

ज़ेन और हाइकू एक-दूसरे के अत्यधिक निकट हैं। यह भी कहा जा सकता है कि हाइकू ज़ेन का ही एक रूप है लेकिन हम यह नहीं कर सकते हैं कि हाइकू ज़ेन में समाया रहता है; इसके विपरीत हम यह कह सकते हैं कि ज़ेन हाइकू में समाया रहता है। दूसरे शब्दों में कह सकते हैं कि हाइकू के भीतर लाने के लिए ज़ेन मान्यताएँ अथवा अभिप्रायों को तो बदला जा सकता है लेकिन इसके विपरीत ज़ेन के भीतर लाने के लिए हाइकू के अभिप्रायों को नहीं बदला जा सकता। हाइकू का अर्थ, उनकी ऋजुता, तात्कालिकता, बौद्धिकता के समावेश से बचने की प्रवृत्ति का गलत अर्थ नहीं लगाया जाना चाहिए। ज़ेन और हाइकू एक-दूसरे के पर्याय हैं फिर भी अगर हाइकू काव्य और ज़ेन के बीच काल्पनिक माप-जोख की जाये तो काव्य ही अन्तिम मानदण्ड होगा। हाइकू का जीवन, उन्हें लिखे और पढ़े जाने की मनःस्थिति उनको लिखने वालों से अभिन्न होती है।

हाइकू में बौद्धिकता का तत्त्व लगभग अनुपस्थित रहता है अथवा अन्तःप्रज्ञापरक या सहजानुभूत काव्यात्मकता के साथ पूरी तरह इतना मिला रहता है कि कोई विश्लेषण उन्हें अलग नहीं कर सकता। यहाँ बौद्धिकता की अनुपस्थित का सही अर्थ जानना अपेक्षित हैं। ज़ेन का आधार है अहं से पूरी तरह मुक्ति और सत्य की सहजानुभूति; इसके लिए समाधि—चित्त की एकाग्रता अपेक्षित है। यह एकाग्रता अवचेतन को अहं से पूर्णतया मुक्त किये बगैर असम्भव है। बौद्धिकता की अनुपस्थिति यानी 'मुशीन' और 'मुनेन' (मस्तिष्क और विचार) से मुक्त सहजानुभूति; यही 'सतोरी' (प्रबोधन अथवा उन्मेष) है। रचनाकार की सतोरी कलात्मक होती है। कहना न होगा कि चीनी दार्शनिक अपने बौद्धिक 'चिन्तन-मनन-परक प्रयासों' से जिस 'अविक्षुब्ध प्रशान्त मनःस्थिति का वरदान' पाते रहे हैं हाइकू कवि उसे प्रकृति की वस्तुओं के निरूपण के माध्यम से जगाते रहे हैं। दोनों की ही पद्धतियाँ जीवन नामक अनिर्वचनीय विषय के सैद्धान्तिक और व्यावहारिक पक्षों से मेल खाती हैं। प्राच्य जीवन-पद्धति का अविभाज्य अंग होने के कारण जापानी लोगों को बोध के स्तर पर इसके विषय में सचेत होने की जरूरत नहीं होती। किन्तु पश्चिम के लोगों को एक हाइकू को भी भली-भाँति पढ़ने के लिए, हाइकू में निरूपित प्रकृति या जीवन से तदाकार होने की मनःस्थिति को समझने के लिए भारतीय, चीनी, जापानी संस्कृति

को वर्षों तक अपने अवचेतन आत्मसात् करना अपेक्षित है। आम जापानी हाइकू को समझने के लिए यह प्रयास नहीं करना पड़ता। वह सदियों की विरासत में प्राप्त अपनी अन्तर्दृष्टि से, सहज बोध से ही हाइकू को समझ लेता है। कहना चाहिए कि हाइकू जापानियों के सामूहिक अवचेतन, जातीय स्मृति का अंग हैं। विदेशी पश्चिमी व्यक्ति को अपनी सांस्कृतिक पृष्ठभूमि की भिन्नता के कारण उन्हें सायास समझना पड़ता है किन्तु भारतीय—विशेष रूप से प्राचीन और मध्यकालीन भारतीय साहित्य एवं इतिहास के जानकार व्यक्ति के लिए हाइकू समझना-सराहना पश्चिमी व्यक्ति की तुलना में अपेक्षाकृत सहज होता है।

इस सांस्कृतिक अन्तर के अलावा एक और अन्तर यह है कि हाइकू केवल कविता नहीं है; वह वास्तविक संसार का शब्दों में निरूपण है; जीवन का एक तरीका है, दैनन्दिन जीवन जीने का एक ढंग है। यह धर्म भी है—जो सामाजिक जीवन, राजनीति, युद्ध, समस्त कार्य-व्यापार और अन्तरंग सम्बन्धों को प्रभावित करता है उनका अनुभव कराता है। कविता या संस्कृति या धर्म जीवन के तौर-तरीके होते हैं, रीति होते हैं और सामान्य तौर-तरीकों की भाँति ये तौर-तरीके भी एक हद तक शिक्षण, भाव-विचार, आदत और अनुकरण का विषय होते हैं।

हाइकू समय के क्षण विशेष को उसकी किसी अनोखी अर्थवत्ता अथवा महत्त्व के लिए दर्ज करता है। इन अवसरों पर कवि की अनुभूति में, उसकी मनोदशा में एक तरह की अद्वितीयता होती है यह अनुभूति बहुत गहन हो सकती है, अपेक्षाकृत सतही हो सकती है; किन्तु बाह्य वस्तु में भी और अन्तर्मन में भी 'कुछ' ऐसा होता है जो सुस्पष्ट होता है। हाइकू लेखक इस 'कुछ' को नितान्त असम्भावित स्थानों पर और सहसा पहचान लेने में अन्य सभी से आगे ही नहीं उत्कृष्ट भी होता है। हाइकू एक तरह का 'सतोरी' होता है जिसमें हम प्राकृतिक घटना अथवा वस्तु अथवा तथ्य के अब तक पूर्णतया अनदेखे अकथनीय अर्थ को समझ लेते हैं। इस तरह हाइकू किसी वस्तु से स्वयं अपनी मूल और तात्विक एकता को अनुभव करते हुए उस वस्तु को समझना या जानना है। यहाँ 'अनुभव करने' से तात्पर्य अपने भीतर उसका वास्तविक बोध करने से है—अपने आत्म-चेतस के माध्यम से उस वस्तु को अपने में तदाकार महसूस करने से।

अभिव्यक्ति की दृष्टि से हाइकू अपने शिल्प में जापान की सुप्रसिद्ध 'वाका' कविताओं से पूर्णतया भिन्न होता है। सादगी में निहित सौन्दर्य के महत्त्व को पहचानना इसका लक्ष्य होता; वह सौन्दर्य जो हमारे आसपास हर जगह मौजूद है—हर चीज़ का वास्तविक स्वरूप, कहना चाहिए सभी चीजों के वास्तविक स्वरूप में निहित काव्यात्मक सौन्दर्य। हाइकू हमें वह दिखाता है जिसे हम सदैव से जानते चले आ रहे हैं किन्तु हमें यह पता नहीं है कि हम इसे जानते हैं। यह हमें इस बात का बोध कराता है कि कवि होने के लिए हमें विशेष नहीं होना है हम अपना सामान्य जीवन जीते हुए ही कवि हो सकते हैं, और हैं। यहाँ भी ज़ेन और हाइकू के बीच गहरा

सम्बन्ध है। ज़ेन कहता है–'तुम्हारा सामान्य मस्तिष्क–वही मार्ग है, तरीका है, ढंग है, साधन है, युक्ति है।'

हाइकू और ज़ेन की मूलभूत सादगी को कभी भी भुलाया नहीं जाना चाहिए। सूरज निकलता है, बर्फ गिरती है, पर्वत फैलते हैं, घाटियाँ सिकुड़ती हैं, रात गहरी होती है और भोर की पहली किरण उसके अन्धकार को बेध देती है। यह सब लगातार होता रहता है किन्तु कभी-कभी ही हम उस पर ध्यान देते हैं। इन चीज़ों के वर्णनातीत, अकथनीय अर्थ को पा लेना ही जीवन है, जीना है। चौबीसों घण्टे इसे पाते रहना ही हाइकू की रीति है जीवन को भरपूर जीने की अदम्य लालसा।

हाइकू में अर्थ की अनिश्चितता होती है यह आवश्यक नहीं होता कि पाठक वही और उतना ही अर्थ ग्रहण करे जितना कवि को अभिप्रेत है। यह हाइकू की सीमा अथवा कमजोरी भी है और शक्ति भी। कमजोरी यह है कि हम कभी पूरी तरह निश्चित नहीं होते कि कवि का आशय क्या है। हाइकू की शक्ति भी इसी में है कि यह कवि के समानान्तर पाठक के स्वतन्त्र काव्यात्मक जीवन की अपेक्षा करता है। यह 'स्वतन्त्रता' निरंकुश और गैर-ज़िम्मेदाराना ढंग की तथा मनचाही व्याख्या पर आधारित नहीं होती; बल्कि उसी तरह के काव्यात्मक अनुभव की निर्मिति की होती है जिसे हाइकू इंगित करता है। हाइकू ही नहीं सम्पूर्ण जापानी कला और साहित्य लौकिक अनंतता को लक्ष्य करते हैं; वह असीमता जिसे हाथ से महसूस किया जा सके, आँखों से देखा जा सके; खूँटी गाड़ने से लेकर ठण्डे पानी में हाथ डालने जैसे छोटे-छोटे कामों में महसूस किया जा सके, फूलों की गन्ध में पहचाना जा सके। इस तरह हाइकू क्षण में निरन्तरता की, और ससीम में असीम की अनुभूति की अभिव्यक्ति है।

जीवन में व्याप्त दुख, जीवन की निस्सारता, हर चीज़ की क्षणभंगुरता की अनुभूति से पैदा दुख को परिवर्तन के लिए अपरिहार्य मानकर अनदेखा किया जा सकता है। आत्म को, अपने आप को न जान पाना बौद्ध मत के हिसाब से संसार की सबसे बड़ी बुराई है, नैतिक दुष्टता से भी बड़ी। रोजमर्रा के व्यावहारिक जीवन में चीज़ों को ठीक से न देख पाना ही सबसे बड़ी समस्या है। ठीक से देख पाने का यहाँ आशय है चीजों को भावनात्मक अथवा बौद्धिक पूर्वग्रह के बिना देख पाना।

हाइकू गुरु मात्सुओ बाशो तथा उनके अनुयाइयों की कविता में ज़ेन मनोदशा की निर्मिति के सूत्र बुद्ध पूर्व भारतीय विचार और दर्शन, में खोजे जाते हैं जो चीनी संस्कृति के माध्यम से जापानी जीवन-दृष्टि में प्रविष्ट हुए और हाइकू कविता में अभिव्यक्त हुए। किन्तु काव्य में इनकी उपलब्धि स्थूल एवं प्रकट न होकर बहुत ही सूक्ष्म, सुकुमार पुष्प की मन्द मुस्कान की तरह व्यंजित होती है जो तत्काल ही उनके सुखद स्रोत एवं स्वरूप को प्रमाणित कर देती है। इस तरह हाइकू की ज़ेन

मनोदशा के स्रोत भारतीय उपनिषदों के अद्वैत दर्शन, बौद्ध चिन्तन के क्षणवाद और शून्यवाद, चीनी ताओ और कन्फ्यूशस के दर्शन, चीनी-जापानी बौद्ध परम्परा, चीनी-जापानी ज़ेन, चीनी काव्य और कला, जापानी ज़ेन मत, जापानी काव्य—वाका और रेंगा और जापानी चित्रकला में हैं। यह सब एक हाइकू में एक साथ मौजूद रहते हैं। इसके अतिरिक्त नोह नाटक, 'इकेबाना' पुष्प सज्जा और 'चा नो यू' (जापानी चायोत्सव) ने भी हाइकू की उत्पत्ति और विकास में योगदान दिया है। यह तीनों ही ज़ेन साधना पद्धति की कलात्मक अभिव्यक्तियाँ हैं जो सदियों से जापानी 'साइके' (चित्त की बनावट) का अभिन्न अंग रही हैं। हाइकू पर इनका प्रभाव सीधे-सीधे ज्यादा न होकर अप्रत्यक्ष रूप से अधिक रहा है क्योंकि ये तीनों ही अपने-अपने कलात्मक क्षेत्र में वह प्रस्तुत कर चुकी थीं जो बाद में हाइकू को सत्रह वर्णों के माध्यम से करना था। हाइकू से उनका सार्थक सम्बन्ध उनके और हाइकू के बीच सादृश्य में है जिसे बाशो अथवा हाइकू के अन्य आरम्भिक लेखकों ने अवश्य देखा होगा। प्राच्य संस्कृति की विशेषता है कि यहाँ कविता, कला, नाट्य, ज्ञान, धर्म अथवा भक्ति, स्थापत्य, मूर्ति और संगीत के बीच परस्पर सम्बद्धता होती है। यह बात हम भारतीय अच्छी तरह समझ और महसूस कर सकते हैं। हमारे यहाँ भक्ति, संगीत, नृत्य, चित्र, मूर्ति आदि कलाएँ और काव्य एक-दूसरे की निर्मिति और प्रस्तुति करती रही हैं एक-दूसरे का अलंकरण करती रही हैं।

जापान के क्लासिक नाट्य रूप नोह का कथ्य लौकिक और लौकिकेतर, जीवन और जीवनेतर की सन्धि के बीच झूलता है। नोह नाट्य के कार्य व्यापार के संसार में गति मौन का निरूपण करती है और मौन गतिहीनता न होकर विरुद्धों का श्रेष्ठ सामंजस्य होता है। उदाहरण के लिए उत्कट वेदना एवं रुदन की प्रस्तुति के लिए हाथ को आँखों के सामने इस तरह सीधे रखते हुए की हथेली आँखों के सामने कुछ इंच दूरी पर रहे—उसे बहुत धीरे-धीरे नीचे की ओर ले जाना पर्याप्त होता है। गहनतम दुखपूर्ण भाव की अभिव्यक्ति बहुत ही थोड़े अंग-संचालन की परिपाटी द्वारा कर दी जाती है। भावनाओं की वास्तविकता और अभिनय की रूढ़ रीति और अवास्तविकता में एक खास ढंग का विरोधाभास होता है; यह वास्तविक ससार होते हुए भी स्वप्न का संसार होता है जिसमें स्वप्न और वास्तविकता, जीवन और कला, कविता और रोजमर्रा का कामकाज, ऐतिहासिक अतीत और क्षणभंगुर वर्तमान सब कुछ एकाकार हो जाते हैं। बाशो का एक प्रसिद्ध हाइकू है—

यात्रा के दौरान
फूले साकुरा के नीचे आराम करते हुए
लगता है मैं किसी नोह में अभिनय कर रहा हूँ।

अपनी यात्रा के दौरान बाशो ने 'नोह' देखा तो उन्हें लगा कि अपनी यात्रा में वह स्वयं भी नोह अभिनेता की तरह ही हैं; मानो बोशो अपने को नोह नाटक के

नायक 'नोची शिते' (जो अक्सर बौद्ध महन्त होता है) से तदाकार कर रहे हों—

यात्रा कहाँ खत्म होगी पता नहीं
हमारा गंतव्य क्या है—नहीं पता
हम कहाँ से आए हैं यह भी नहीं पता।

बाशो के अलावा किकाकु तथा अन्य अनेक आरम्भिक हाइकू लेखकों ने प्रकृति और दैनिक जीवन के अलावा चीनी कविताओं, बौद्ध कथाओं, नोह और जापानी 'मोनोगातारी' कथाओं से प्रेरणा ली है।

जापानी पुष्प सज्जा 'इकेबाना' विषमता के सामंजस्य पर केन्द्रित होती है। इसमें 'तेन-ची-जिन' (स्वर्ग, धरती और मनुष्य) तीनों को शाखा, पत्ती और फूल की सादगीपूर्ण सुपरिष्कृत आकृतियों के माध्यम से एक साथ संकेतित किया जाता है। हाइकू और इकेबाना की समानता यही है कि दोनों का ही लक्ष्य होता है जटिलता, पदार्थ की बीहड़ अराजकता को उस हद तक (उसके बाद नहीं) नियन्त्रित करना जहाँ काव्यात्मक दृष्टि के समक्ष वस्तु का सच्चा स्वरूप प्रकट हो सके।

जापानी संस्कृति की प्रतिनिधि कला 'चा नो यू' ने भी बाशो के हाइकू की निर्मिति में महत्त्वपूर्ण भूमिका अदा की। चा नो यू और इकेबाना ज़ेन साधना पद्धति की ही कलात्मक अभिव्यक्तियाँ हैं जो मानती हैं कि कलाकार की कला की श्रेष्ठता सौन्दर्य को खोलने की बजाय छिपाने में यानी व्यंजित करने में है; शब्दोच्चार की बजाय मौन में है; सजावट की बजाय सादगी में है; साधनों के अपव्यय की बजाय न्यूनतम के माध्यम से प्रस्तुति में है। चाय गुरु सेन नो रिक्यू—जो कि अच्छे पुष्प सज्जाकार भी थे—चाय आतिथ्य और फूलों से जो व्यक्त करते रहे थे—उसे बाशो ने शब्दों के माध्यम से व्यक्त करने का तरीका निकाल लिया। यही बाशो की महानता है।

अज्ञेय द्वारा किये गये 'हाइकू' के अनुवाद 'अरी ओ करुणा प्रभामय' के 'एक चीड़ का खाका' खण्ड में संकलित हैं। इसमें प्रस्तुत 27 हाइकू अनुवाद दो श्रेणियों के हैं—पहले तो वे अनुवाद हैं जिनके साथ मूल कवि का नाम दिया गया है; दूसरी श्रेणी में वे अनुवाद हैं जिनके साथ मूल लेखक का नामोल्लेख नहीं है; केवल यह कहा गया है कि कविता जापानी हाइकू पर आधारित है। कविता संख्या 53, 55, 64 और 75 ऐसी ही कविताएँ हैं। संकलन की भूमिका में ही लेखक ने स्वीकार किया है कि जापानी भाषा न जानने के कारण अंग्रेजी के सहारे किये गये इन अनुवादों में कभी-कभी मूल संवेदना तक न पहुँच पाने का अहसास उसे है—

"जहाँ ये अनुवाद न होकर केवल छायानुवाद रह गये हैं, वहाँ कारण इस लेखक की मौलिकता नहीं बल्कि उसकी असमर्थता ही है; जापानी भाषा न जानने से वह मूल रचना रोमन (लिपि) में पढ़कर भी उसे समझ पाने से वंचित रहा है और अंग्रेजी अनुवादों या जापानी बन्धुओं द्वारा की गयी व्याख्याओं पर ही निर्भर

रहा। कहीं-कहीं जहाँ मूल से अपनी दूरी लेखक स्वयं स्पष्ट देख सकता था, वहाँ उसने जापानी कवि का नामोल्लेख अपने अधिकार से बाहर मानकर केवल जापानी काव्य का ऋण स्वीकार कर लिया है।"

अज्ञेय स्वयं की अपने अनुवाद की सीमा के प्रति सचेतनता और आत्म-स्वीकृति तो सराहनीय है ही महत्वपूर्ण बात यह है कि शेष अनुवाद, जिनमें मूल लेखक का नामोल्लेख किया गया है, अज्ञेय की कवि प्रतिभा के अनूठे उदाहरण हैं। हाइकू जैसे अति लघु छन्द का भाव ग्रहण करते हुए उसे हिन्दी पाठक की संवेदना के साथ सम्प्रेषणीय बना देना, जापानी कविता का हिन्दी भाषा में उतरकर इस भाषा के परिवेश, भावबोध एवं संवेदना का बन जाना इन अनुवादों की एक अप्रतिम विशेषता है। ये जापानी मूल के कितने निकट हैं इस सम्बन्ध में जापान के प्रसिद्ध हिन्दी विद्वान् प्रो. तोषियो तनाका के 'धर्मयुग' में छपे लेख 'हाइकू और अज्ञेय' से एक उद्धरण देना उपयुक्त होगा।

अज्ञेय में कवित्व इतना था कि जापानी साहित्य के मानस जगत् में प्रवेश होने में समर्थ हुआ...अज्ञेय ने हाइकू के मानस जगत् में अपना हृदय पटल देखा होगा। इसीलिए अज्ञेय को हाइकू के अनुवाद कार्य में जितनी सफलता मिली, उतनी किसी जापानी भाषाविद् विदेशी लेखक को नहीं मिली थी, उदाहरणार्थ :

शीरा ऊओ या
सानागारा, ऊगो
मीजू नो तामाशोई

(राइज़ान, 1653-1716)

उजली मछली
मानो पानी का अन्तरंग ही
काँप गया हो

—अज्ञेय

दि व्हाइट बेट
एज़ दो दि स्पिरिट ऑफ दि वाटर
वर गूविंग —ब्लिथ

यह वसन्त की कविता है। हवा तेज़ नहीं, धूप कड़ी नहीं, वातावरण शान्त। शायद गाँव का दृश्य होगा। छोटी नदी बहती है। वहाँ कवि ने क्षण भर देखा है। इसका अनुवाद ब्लिथ ने यथा शब्द किया।...अज्ञेय के अनुवाद को पढ़ने से पता चलता है कि 'उजला', 'काँपना' शब्द का प्रयोग अपना है। यही अज्ञेय की विशिष्टता है।

—'हाइकू और अज्ञेय' (धर्मयुग, 16 अक्टूबर, 1966, पृ. 15)

हिन्दी में हाइकू का समावेश इतने सार्थक और व्यंजनाश्रित ढंग से करने का श्रेय अज्ञेय को है कि ये अनुवाद हिन्दी की अपनी मौलिक कविता प्रतीत होते हैं जापान से आये नहीं। बाशो का विश्व प्रसिद्ध हाइकू

ताल पुराना
कूदा दादुर
गुडुप।

अज्ञेय के अनुवाद में नितान्त हिन्दी का हो गया है—अर्थ की अनेक-अनेक सम्भावनाओं के साथ—विचारों का पुराना ताल उसमें नये विचार की कौंध और उस कौंध से पैदा झनकार, रूढ़ि की पुरानी लीक और उसमें नवोन्मेष की झंकृति, रचना की परम्परा, उसमें नये रचनाकार का नवोन्मेष—ऐसे कई-कई अर्थों की यहाँ सम्भावना बनती है जो सर्वथा पाठक सापेक्ष है।

जापानी परम्परा में यह हाइकू 'सतोरी' यानी उन्मेष (आत्मज्ञान) की व्याख्या का प्रतीक माना जाता है। 'बाशो' और गुरु के बीच संवाद की कथा यह है कि गुरु ने बाशो से जब प्रकृति की चीजों के परम सत्य के बारे में पूछा उसी समय बाशो को पानी में एक मेढक के कूदने की ध्वनि सुनाई दी और बाशो ने उत्तर दिया 'वही ध्वनि'—मेढक के कूदने की आवाज से सम्पूर्ण स्थिति की प्रशान्त निरभ्रता टूटी। बाशो का बोध जागा कि जीवन का स्रोत काल की अनंत निरन्तरता में है—आदि विहीन आरम्भ और अन्त विहीन अन्त में—यानी काल के सातत्य में एक छोटा-सा परिवर्तन। गुरु ने इसे बाशो उन्मेष की स्थिति का प्रमाण माना।

इसी तरह बूसोन का यह हाइकू भी हिन्दी का अपना हो गया—

वर्षा की बसन्त में मैंने देखा :
छाता एक, एक बरसाती
साथ-साथ जाते बतियाते।

हाइकू कविताओं का अनुवाद करते हुए अज्ञेय ने इन्हें उपयुक्त शीर्षक भी दिया है जबकि मूल हाइकू का शीर्षक नहीं होता। हिन्दी भाषा में जापानी संस्कृति, संवेदना और शिल्प सहज और सम्प्रेषणीय ढंग से अन्तरित हो सके इस बात का ध्यान रखते हुए कविता के कथ्य के भीतर से ही सार्थक शीर्षक निकाले गये हैं। इतना ही नहीं इस हाइकू अनुवाद खण्ड का शीर्षक 'एक चीड़ का खाका' भी रांसेत्सु के एक हाइकू से लिया गया है—

चाँद चितेरा
आँक रहा है शारद नभ में
एक चीड़ का खाका।

इस कविता को अज्ञेय ने 'शरत्पूर्णिमा' नाम दिया है जो न केवल इसमें व्यक्त अनुभूति को तेजी से सम्प्रेषणीय बनाता है बल्कि इस शब्द-चित्र को हिन्दी पाठक

के लिए इन्द्रियग्राह्य, बोधगम्य और आस्वाद्य बनाता है। शरद की पूर्णिमा के दिन चाँदनी सर्वाधिक स्वच्छ और आनन्ददायी होती है; चीड़ वनों पर वह और भी अधिक आकर्षक रहती होगी अन्यथा निर्मल वर्मा अपने गद्य संकलन को 'चीड़ों पर चाँदनी' नाम क्यों देते? शरद चाँदनी में प्रकृति से तदाकार होने के अनेक भाव-बिम्ब भारतीय स्मृति में मौजूद हैं जिन्हें इस कविता में जगाने में यह शीर्षक सहायक बनता है। 'सरसों फूली', 'विरहिणी', 'झिलमिल', 'झिल्ली रव', 'सूनी साँझ', 'डरौने पर कौआ', 'गीत : रोटी', 'क्वार का भोर' आदि नाम इन कविताओं को हिन्दी भाषा संस्कृति की संवेदना में उतारने में सहायक बनते हैं। मूल कविता जापानी ही है सन्दर्भ वहीं का है; इन शीर्षकों से वह हिन्दी में ज्यादा सहज बन जाता है सांस्कृतिक अन्तरण सहज हो जाता है। इसके अलावा कुछ कविताओं के शीर्षक ऐसे हैं जो जापानी जीवन और संस्कृति की विशिष्ट छवियों को हिन्दी पाठक के सामने सचित्र कर देते हैं 'जापानी चित्र', 'अलूचे फूले', 'ताल', 'पुराना नगर', 'गरम सोते में स्नान', 'योंनेनू का विदागीत', 'रांसेत्सु का मृत्यु गीत' ऐसे ही शीर्षक हैं। नीचे दी गयी 'जापानी चित्र' नामक कविता को हाइकू से प्रभावित कहा गया है :

'मन्दिर दिखता नहीं, मूर्ति भी होगी, नहीं भरोसा
किन्तु मेघ के पार गगन को चूम रहा है
रंजित तोरण।'

वास्तव में यह जापानी बौद्ध मन्दिर अथवा शिंतो देवालय–'जिंगू' अथवा 'जिंजा'– का विशिष्ट बिम्ब हमारे सामने खड़ा करती है। जापानी मन्दिरों अथवा देवालयों के द्वार पर आकाश को छूते विशाल तोरण द्वार–'तोरी' होते हैं जो अक्सर लाल रंग के लकड़ी के बने होते हैं जिनका आकार और शिल्प साँची स्तूप के पत्थर के बने तोरण द्वार से मिलता-जुलता होता है। मुख्य मन्दिर अथवा देवालय 'तोरी' से काफी दूर चलकर होता है। 'तोरी' से मन्दिर तक का रास्ता बहुत स्वच्छ-सुन्दर और दोनों ओर लगे वृक्षों से घिरा होता है। अक्सर लगता है कि प्रकृति के प्रांगण में किसी वन प्रदेश में चल रहे हैं। बौद्ध मन्दिरों में प्रमुख देव मूर्ति के अलावा अनेक देवी-देवताओं की मूर्तियाँ होती हैं और शिंतो देवालय में दर्पण, खड्ग आदि प्रतीक चिह्न होते हैं। वहाँ मूर्ति नहीं होती। यह कविता जापानी संस्कृति की इन सभी छवियों को बड़े सुन्दर मितकथन से व्यक्त कर देती है। साथ ही क्षण विशेष की अनुभूति को सादगी से दर्ज करने की हाइकू की विशेषता भी इसमें मौजूद है।

इसी तरह 'पुराना नगर' शीर्षक से बाशो के हाइकू का यह अनुवाद–

मौन पुरान नगर : साँझ
घण्टा ध्वनि की लहरों पर तिरती
सुमन-गन्ध।

ठेठ पारम्परिक जापानी जीवन का चित्र जगाता है। पुराने शहर–जो नारा,

क्योतो अथवा कोई अन्य शहर भी हो सकता है—में सन्ध्या बेला की शान्त नीरवता में सुदूर मन्दिर के घण्टे की ध्वनि की अनुगूँज की लहरों के साथ फूलों की गन्ध का तिरना; जापानी मन्दिरों और देवालयों का सम्पूर्ण परिवेश वृक्षों और फूलों से इतना घिरा होता है कि लगता वह प्रकृति की गोद में ही स्थित हैं। वसन्त, वर्षा, पतझड़ और हिमपात में इस वन प्रदेश के विविध रूपों के बीच इन भवनों को नयी छटा मिलती है जिसके प्रति जापानी विशेष रूप से सजग होता है। निस्तब्ध मौन क्षणों में प्रकृति को महसूस करना, उससे तदाकार होना ज़ेन साधना पद्धति का अंग है जो इस हाइकू के माध्यम से हिन्दी में अवतरित हुआ है। सुदूर घण्टा-ध्वनि की देर तक आती गूँज के प्रति आकर्षण जापानी चित्त में व्याप्त होने के कारण साहित्य में लगातार मौजूद रहा है। सुप्रसिद्ध जापानी कथा 'गेंजी मोनोगातारी' की लेखिका मुरासाकी शिकिबु की डायरी का आरम्भ ही शरद की ठंडी हवा में तिरते झरने के कल -निनाद को बेधते मन्त्रोच्चार की गूँज से होता है।

'गरम सोते में स्नान' नामक हाइकू भी सांस्कृतिक अन्तरण का अच्छा उदाहरण है। गर्म पानी के सोते हमारे यहाँ भी होते हैं किन्तु जापान में 'ओनसेन' (गर्म पानी के सोते) में स्नान प्रकृति के नजदीक रहने की संस्कृति की एक खास पद्धति है। ज्वालामुखियों की भूमि पर बसे होने के कारण जापान को अनेक तरह की विपदाओं के साथ कुछ प्राकृतिक वरदान भी मिले हैं। बड़ी तादाद में 'ओनसेन' इन्हीं में से एक है। इन गर्म चश्मों का जापानी जीवन से अभिन्न रिश्ता है। औषधीय गुणों से लेकर आनुष्ठानिक और व्यापार-प्रबंधन-पर्यटन तक में फैले इनके आकर्षण और हर चीज़ की क्षण-भंगुरता को समेटे रांसेत्सु का यह हाइकू इस आनी-जानी 'दुनिया' का चित्र प्रस्तुत करता है। 'योंनेन् का विदा गीत' और 'रांसेत्सु का मृत्यु गीत' जापानी संस्कृति के विशिष्ट स्वरूप को हिन्दी की संवेदना में ढालते हैं। हाइकू कवि अपनी अन्तिम यात्रा से पहले अपना अन्तिम हाइकू लिखते थे जिसे उनका विदागीत माना जाता था।

शेष हाइकू तथा रेंगा आदि अन्य छन्दों पर आधारित कविताएँ—'अरी हवा अब', 'वसन्त का सूर्यास्त', 'वसन्त में वर्षा', 'मछली', 'फूल फिर', 'द्वार', 'जाड़ों का चाँद', 'बोझ', 'प्यार', 'तीन चित्र' आदि विषय की दृष्टि से सार्वत्रिक हैं और क्षण विशेष को वर्णित करने की दृष्टि से ये 'हाइकू' हिन्दी कविता को एक नयी और ताजी अनुभूति एवं अभिव्यक्ति से सम्पन्न बनाते हैं।

हाइकू के इन अनुवादों का महत्त्व इनके माध्यम से नयी संवेदना और अभिव्यक्ति के हिन्दी में आने के अलावा इस दृष्टि से भी है कि इन्होंने स्वयं अज्ञेय के लेखन को कथ्य और शिल्प दोनों की दृष्टि से गहराई से प्रभावित किया है। 'अरी ओ करुणा प्रभामय' में ही संकलित अन्य कई कविताएँ उदाहरण के लिए 'वसन्त', 'धूप', 'जन्म दिवस' आदि कविताएँ हाइकू के ढंग की हैं। इतना ही नहीं उनकी

प्रसिद्ध कविता 'पूनो की साँझ' और 'रांसेत्सु' के हाइकू के 'शरत्पूर्णिमा' शीर्षक से अनुवाद में काफी हद तक निकटता दिखाई देती है–

शरत्पूर्णिमा
चाँद चितेरा
आँक रहा है शारद नभ में
एक चीड़ का खाका।

पूनों की साँझ
पति सेवारत साँझ
उचकता देख पराया चाँद
लजा कर ओट हो गयी।

यहाँ निकटता भाव अथवा प्रस्तुति की न होकर प्राकृतिक घटना और उसके प्रति आकृष्ट होने, उसे मानवीय कृत्यों के रूप में प्रस्तुत करने की है। इसी तरह अज्ञेय की सुप्रसिद्ध कविता 'सोन मछली' की तुलना बाशो के निम्नलिखित हाइकू और उसके आर.एच.ब्लिथ के अंग्रेजी अनुवाद से करने पर उनकी निकटता देखी जा सकती है–

ताकोत्सुबा या
हाकानाकी युमे वो
नात्सु नो त्सुकी

–बाशो

The Octopuses in the Jars
Transient dreams
Under the summer moon

–R.H. Blyth

सोन मछली
हम निहारते रूप
काँच के पीछे
हाँफ रही है मछली
रूप तृषा भी
(और कांच के पीछे)
है जिजीविषा।

दोनों का कथ्य भिन्न है संवेदना में बड़ा अन्तर है। अज्ञेय की कविता के जटिल

आधुनिक बोध की तुलना में बाशो के हाइकू की क्षणभंगुरता स्पष्टतया सम्प्रेषणीय है। किन्तु काँच के बर्तन में रखी गयी मछली के प्रति आकृष्ट होने की घटना दोनों में समान है। यह तो नहीं कहा जा सकता कि अज्ञेय ने बाशो से प्रभाव ग्रहण किया किन्तु इस बात से भी पूरी तरह इनकार नहीं किया जा सकता कि अज्ञेय के मन में यह जटिल बिम्ब बाशो को पढ़ते हुए उभरा हो।

अज्ञेय ने हाइकू के अनुवादों के दौरान जो भाषा की गति, लय, बिम्ब और अर्थ की गूँज, टटकापन और बारीकी से सूक्ष्म प्रस्तुति विकसित की वह उनकी अपनी कविता के लिए नये आलोक का द्वार खोल सकी है। अज्ञेय जी पहले भी जापानी साहित्य से थोड़ा-बहुत परिचित थे।, जापान प्रवास के दौरान उन्हें बहुत से जापानी साहित्य का अध्ययन-मनन का अवसर मिला। 'ज़ेन' से गहरा परिचय होने पर उन्होंने पाया कि किस प्रकार इस विशेष दर्शन ने जापानी जीवन को, विशेष रूप से विश्व युद्धों से पहले के समग्र जापानी जीवन को कितना प्रभावित किया था। ज़ेन साधना और विचार पद्धति के इस अध्ययन ने अज्ञेय की मानसिकता को गहराई तक प्रभावित किया है। 1959 में प्रकाशित गद्य संग्रह 'आत्मनेपद' में उन्होंने लिखा है :

"ज़ेन साधना पद्धति का एक अंग है—'कोआन' अथवा पहेली। यद्यपि इसे पहेली कहना पर्याप्त नहीं है क्योंकि इसका कोई बँधा हुआ उत्तर नहीं होता, हर साधक उसके लिए अपना विशिष्ट उत्तर पाता है। पहेलियों का उद्देश्य ही साधक को बाँधे-बँधाए उत्तर के पूर्वग्रह से मुक्त करना होता है। यद्यपि पूर्वग्रह से मुक्त करने के लिए गुरु आवश्यक होता है, तथापि गुरु स्वयं एक पूर्वग्रह है और साधक को गुरु से कुछ पाने की अपेक्षा से भी मुक्त होना होता है... साधक के भीतर यथासमय कभी एक उन्मेष (सतोरी) होता है और तीखे शुभ्र प्रकाश में वह पा लेता है पहेली का उत्तर—अभूतपूर्व, अद्वितीय, एकमात्र असम्पृक्त उत्तर, जो इतना निःसंग कि स्वयं पहेली से भी कोई सम्बन्ध नहीं रखता—गुरु से या परम्परा से सम्बन्ध की तो बात दूर! इन सब बातों का सन्दर्भ देने का खतरा है मैं जानता हूँ। किसी विशेष साधना पद्धति का मेरा कोई दावा नहीं है—न किसी विशेष उपलब्धि की बात मुझे कहनी है। ज़ेन के इतिहास और जापानी काव्य पर ज़ेन विचार पद्धति के प्रभाव का इतिहास कहीं पृष्ठभूमि में ही रहा। मुझे उसका लाभ हुआ तो यही कि काव्य सम्बन्धी बहुत से पूर्वग्रह मुझ से झरते रहे, उनकी धुन्ध से अवरुद्ध मेरी दृष्टि मेरे अनजाने ही स्पष्ट होती रही।

—'आत्मनेपद', पृ. 48

पूर्वग्रह झरने की यह प्रक्रिया एक उदाहरण से बहुत अच्छी तरह समझी जा सकती है। 'आत्मनेपद' में अज्ञेय ने इसकी चर्चा की है। यह उदाहरण है—'अरी ओ करुणा, प्रभामय' में छपी 'चिड़िया की कहानी' नामक इस कविता का :

उड़ गयी चिड़िया
काँपी, फिर
थिर
हो गयी पत्ती।

यह कविता क्षण-भर में घटित हुई एक घटना विशेष को देखकर उद्दीप्त हुई थी : "एक चिड़िया आकर क्वाँर की पत्ती के छोर पर टिकी ही थी—शायद मेरी ही तरह चिक के दूसरी पार की हलचल का कुछ आभास पाकर-पत्ती को ठेलती हुई फिर उड़ गयी। मानो उसका बैठने आना, पत्ती को छूना, फिर पकड़ने से भी पहले ठेलकर उड़ जाना अलग-अलग क्रियाओं का क्रम नहीं, एक ही अविभाज्य क्रिया थी। पंजों के और पंखों के धक्के से आहत लम्बी पत्ती दो-एक बार काँपी और क्रमशः स्थिर हो चली।

मेरे चमत्कृत मन में कुछ शब्द जागे। 'कुछ शब्द' इसलिए कहता हूँ कि यद्यपि वे एक पंक्ति में भी लिखे जा सकते थे तथापि मेरे मन में तीन-चार पंक्तियों में विभक्त ही उदित हुए मानो कविता का एक पद हो।"

—'आत्मनेपद', पृ. 45

ये पंक्तियाँ 1951 में लिखी गयी थीं और तब से लेकर कवि कई बार इस असमंजस में रहा कि क्या यह सम्पूर्ण कविता है? क्या उस घटना और अनुभूति को लेकर जो भाव कवि के मन में उदित हुआ वह इन शब्दों में सम्पूर्ण हो गया इसमें कई बार सुधार-संशोधन करता रहा लेकिन उस संशोधन से भी सन्तुष्ट न हुआ। परिणामतः छह-सात वर्षों तक यह लघु कविता उठाकर एक ओर रख दी गयी चीज़ की तरह पड़ी रही। कवि जब जापान गया तब भी उसे साथ ले गया :

"मेरी कॉपी की वह अधूरी कविता अब भी मेरे साथ थी। मैं जब तब जापानी लघु मुक्तक 'हाइकू' के संग्रह उठाकर पढ़ता और कुछ-एक मुक्तक पढ़ने के बाद आप्यायित भाव से पुस्तक एक ओर रखकर बैठा सोचता रहता... कभी-कभी कॉपी उठाकर उसके पन्ने उलटता और गौरेया चिड़िया वाली कविता पर आकर रुक जाता...

—'आत्मनेद' पृ. 47

अज्ञेय का यह लेख कवि के मन की उथल-पुथल का संकेत तो देता ही है साथ ही यह भी स्पष्ट करता है कि कवि लम्बे समय से जापानी साहित्य से संवाद स्थापित करने के प्रयास में था किन्तु उसे लेकर आश्वस्त न था। लघु मुक्तक की मानसिकता कहीं न कहीं जाने-अनजाने उसके चित्त में सक्रिय थी किन्तु उस परम्परा का ठोस आधार न होने के कारण उसे लगता रहा था उस घटना की अनुभूति की तात्कालिक अभिव्यक्ति ने "केवल बुद्धि को तोष दिया था, भाव का रेचन नहीं किया था।" (वही, पृ. 46)

स्थिति अथवा घटना विशेष को देखते ही तात्कालिक प्रभाव अथवा प्रतिक्रिया की अभिव्यक्ति ही 'हाइकू' के रूप में पूर्ण कविता हो सकती है इस बात को अज्ञेय का सांस्कृतिक मन तब स्वीकार नहीं कर पा रहा था, क्योंकि 'हाइकू' के सौन्दर्यशास्त्र को समझे बगैर तो ऐसी तात्कालिक अभिव्यक्ति को जल्दीबाजी कह दिया जा सकता है जापान में हाइकू से भली-भाँति परिचित होने पर उन्हें विश्वास हो गया कि 'हाइकू' जापानी साहित्य की उपलब्धि हैं जिसमें अनुभूति विशेष की यथावत् तात्कालिक अभिव्यक्ति ही कविता बनती है। उसमें द्रष्टा और द्रष्टव्य का ऐक्य निहित होता है।

अज्ञेय का लम्बे समय तक अपनी तात्कालिक अभिव्यक्ति के प्रति आश्वस्त न हो पाना, जापान पहुँचने पर जापानी साहित्य और ज़ेन दर्शन के अध्ययन के उपरान्त घटना को देखते ही तत्क्षण हुए उन्मेष 'द्रष्टा और द्रष्टव्य के ऐक्य' (चिड़िया के बैठने और उठने-उड़ने की घटना का कवि द्वारा देखा जाना) को काव्याभिव्यक्ति के रूप में स्वीकार करते हुए 'अरी ओ करुणा प्रभामय' (1959) की कविताओं में शामिल करना वस्तुतः उनके कविता सम्बन्धी 'बहुत से पूर्वग्रहों' में से एक पूर्वग्रह का झरना ही है। यह 1951 में सहज रूप से लिखे गये 'हाइकू' की सगर्व स्वीकृति है।

अज्ञेय ने बाद में भी कुछ हाइकू प्रभावित कविताएँ लिखीं। इनमें से कुछ तो हाइकू की संवेदना और शिल्प के अत्यधिक निकट हैं जैसे 'वसन्त' नामक यह कविता—

यह क्या पलास की लाल लहकती
आग रही कारण, जो
वन खण्डी की हवा हो चली गर्म आज?

—इलाहाबाद, मई 1958

अथवा 'चक्रान्त शिला-27' शीर्षक यह कविता—

दूज का चाँद--

मेरे छोटे घर-कुटीर का दिया
तुम्हारे मन्दिर के विस्तृत आँगन में
सहमा-सा रख दिया गया।

—नयी दिल्ली, 16 फरवरी, 1962

रोजमर्रा के जीवन में दिखाई देती प्रकृति के चित्र को सादगी और मितकथन के साथ प्रस्तुत करते यह हाइकू हिन्दी कविता को अज्ञेय की अपूर्व देन है। बाद में काफी लोगों ने हाइकू लिखे हैं। जब-तब हाइकू काव्य संकलन प्रकाशित होते रहे हैं किन्तु प्रकृति से तादात्म्य एवं सघन अनुभूति की वह तात्कालिकता और अभिव्यक्ति की वह निश्छलता देखने में नहीं आयी जो अज्ञेय के हाइकू में मिलती है।

3

अज्ञेय : जापानी प्रेरणा और प्रभाव

अज्ञेय जी आरम्भ से ही नवोन्मेष और प्रयोगशीलता के लिए प्रसिद्ध ही नहीं वाद-विवाद का विषय रहे हैं। उन्होंने न केवल जापानी साहित्य और संवेदना से हिन्दी जगत् को परिचित कराया बल्कि इस प्रक्रिया में भारतीय और जापानी भावभूमि के समानान्तर सन्दर्भों को भी उजागर किया। जापान के प्रति उनकी जिज्ञासा, आकर्षण अथवा लगाव की चर्चा जापान प्रवास की उनकी कविताओं तथा हाइकू अनुवादों पर विचार करते हुए की जा चुकी है। जापान अज्ञेय के चित्त में किस तरह बसता रहा इसका उदाहरण है जापान के इजू प्रायद्वीप का यह विवरण—'भवन्ती' (1972) की यह टीप—

सागर मुझे अच्छा लगता है—बहुत अच्छा लगता है।...पहाड़ भी बहुत अच्छे लगते हैं। कभी जब फुरसत में कहीं बसने के दिवास्वप्न देखता हूँ, तो सोचता हूँ कि कहीं सागर तट पर रहूँ जहाँ घण्टों सागर की हलचल देखता रह सकूँ—फिर एकाएक सोचता हूँ कि तब क्या पहाड़ छोड़ दूँगा? नहीं पहाड़ तो कभी नहीं छोड़ सकता—पहाड़ ही पर रहूँगा समुद्र पर जब-तब चला जाया करूँगा! (इजू प्रायद्वीप की यही विशेषता है : वह समशीतोष्ण मेखला का पहाड़ी सागर तट है जिस पर हिमाच्छादित ज्वालामुखी भी है, पथरीली तटियाँ भी हैं, रेतीली भी, ठण्डा उद्विग्न समुद्र भी है और गर्म अन्तर्धारा से तपाया हुआ सुहाने वाला और प्रशान्त तर पानी भी; गर्म सोते, ठण्डे झरने, ऊपर बर्फ नीचे कदली वन; एक छोटे से भूखण्ड में अनेक विरोधों का निर्वाह करता हुआ इजू प्रदेश ही ऐसा देखा जो मेरे दिवास्वप्नों की प्रायः सब शर्तें पूरी कर देता है। अगर वह देश में होता—या उस पर रहने वाले हिन्दीभाषी होते, तो सचमुच वहाँ जा बसता!—क्योंकि पहाड़ और सागर की तरह हिन्दी भी मेरे दिवास्वप्नों की अंग रहती है। पहाड़ के पास रहूँगा, सागर के पास रहूँगा, और हिन्दी में रहूँगा...)

—भवन्ती, पृ. 109

वास्तव में जापानी जीवन, प्रकृति और ज़ेन साधना पद्धति की सर्जनात्मकता अज्ञेय की मानसिकता में स्थायी रूप से निवास करती रही। कविता में ही नहीं निबन्धों और डायरियों में भी जापान जब-तब उन्हें याद आता रहा। जापान-चिन्तन पूरी तरह आत्मसात् होकर उनकी संवेदना अभिव्यक्ति में प्रकट होता है। 1960 में

प्रकाशित निबन्ध संग्रह 'आत्मनेपद' (जिसे बाद में 1983 में प्रकाशित, आत्मपरक में शामिल कर लिया गया) का उल्लेख ऊपर किया जा चुका है। 1979 में प्रकाशित 'अन्तरा' में दी गयी यह छोटी-सी टिप्पणी जापानी चित्त के फूजी पर्वत के प्रति आकर्षण की काव्यात्मकता अभिव्यक्ति है–

(जापान यात्रा : हेमन्ती दिन : कुहरा : ढलते दिन में एकाएक धूप। रेल से फूजीयामा दीख गया)

रूई के गोले में
धरा हुआ
कोयला दिन भर
राख से ढका रहा
साँझ में सुलगने लगा।

–'अन्तरा' पृ. 54-55

जापान में रह चुका हर व्यक्ति जापानियों के मन में फुजी पर्वत के प्रति उत्साह, आकर्षण और उसकी सहज प्रफुल अभिव्यक्ति से वाकिफ होता है। कविता से पहले की पंक्ति में जापानी ढंग के इसी व्यवहार की अभिव्यक्ति है।

हाइकू अथवा ज़ेन से अज्ञेय के गहरे लगाव की परिणति 'उत्तर प्रियदर्शी' (1967) में हुई। नोह ज़ेन से वैसे ही सम्पृक्त है जैसे हाइकू अथवा चा नो यू। कवि-कथाकार के रूप में प्रख्यात अज्ञेय ने एक दिन नोह नाटक लिखने का निर्णय लिया। कलिंग विजय के उपरान्त अशोक के हृदय-परिवर्तन और बौद्धमत स्वीकार कर अहिंसा अपनाने की इतिहास प्रसिद्ध घटना, पुरातत्त्व शास्त्री वैडेल के उत्खनन में मिले अवशेषों, चीनी यात्री फाह्यान् के यात्रा-वृत्तान्तों, अशोक के पूर्वजन्म से जुड़ी बौद्ध कथा को परस्पर जोड़ते हुए उन्होंने यह काव्य नाटक लिखा। नोह नाटक की पारम्परिक सूक्ष्म एवं रीति प्रधान शैली तथा अतीत एवं वर्तमान की सन्धि पर अवस्थित नाट्य व्यापार को तार्किक ढंग से बौद्धिकता सम्पन्न आधुनिक भारतीय पाठक-दर्शक के लिए बनाया।

सदी के आरम्भ में एज़रा पाउंण्ड और फेनोलेसा द्वारा अंग्रेजी में अनूदित नाटकों की डब्ल्यू. बी.येटस् ने विस्तृत भूमिका लिखी थी। इस भूमिका ने भी अज्ञेय को नोह के प्रति आकृष्ट किया। उसके कुछ अंशों का हिन्दी अनुवाद अज्ञेय ने किया था जो बाद में 'नया प्रतीक' के जापान विशेषांक में छपा। सन् 1975 अक्टूबर में 'नया प्रतीक' का जापानी साहित्य विशेषांक निकालकर अज्ञेय ने हिन्दी पाठक को पूर्व एशिया के विशिष्ट साहित्यिक-सांस्कृतिक परिदृश्य से अवगत कराया।

अज्ञेय साहित्य को जापान की देन का प्रसंग अधूरा ही रह जायेगा यदि ये 1959 में लिखी गयी 'हिरोशिमा' और 1961 में लिखी गयी लम्बी कविता 'असाध्य वीणा' की चर्चा न की जाये। विश्व युद्ध जिन देशों की भूमि पर लड़े गये थे उन देशों–और

जो देश दूर विश्व युद्ध की खबर पा रहे थे या जिनके सैनिक दूसरे देशों में तैनात होकर लड़ रहे थे उनकी मानसिकता में एक बुनियादी अन्तर रहा : भोक्ता मन और द्रष्टा मन का अन्तर। यह नहीं कि उस संवेदना को इन दूर के देशों ने महसूस नहीं किया; लेकिन जिन्होंने इसे स्वयं झेला उनकी वेदना अकथनीय थी। हिरोशिमा पर एटम बम गिरने की घटना को दूर से सुनना या पढ़ना और आज भी हिरोशिमा जाकर उस त्रासदी की संचित स्मृतियों से रू-बरु हो कर उस त्रासदी के बारे में जानना दो अलग-अलग स्थितियाँ हैं। वहाँ जाये बगैर इसे समझ पाना लगभग असम्भव है, खासतौर से उन देशों के लिए जो औपनिवेशिक गुलामी के चलते युद्ध की घटनाओं को तत्कालीन शासक वर्ग की मानसिकता के चौखटे के भीतर से देखने को मजबूर थे। हिन्दी में विश्व युद्ध सम्बन्धी लेखन तो थोड़ा-बहुत हुआ लेकिन हिरोशिमा की त्रासदी पर चर्चा लगभग नगण्य ही रही। आज भी परमाणु बम को लेकर हम किस रूप में गम्भीर हैं यह विचार करने की बात है।

अपने जापान प्रवास में हिरोशिमा गये थे लेकिन हिरोशिमा यात्रा के दौरान अज्ञेय जी ने कोई तात्कालिक प्रतिक्रिया कविता में नहीं व्यक्त की। हिरोशिमा यात्रा की अनुभूतियों को आत्मसात् करते हुए लगभग दो वर्ष तक अपने भाव का रेचन करने के बाद ही 'हिरोशिमा' नामक कविता उन्होंने लिखी। हिरोशिमा की स्मृति उन्हें लम्बे समय तक कुरेदती रही। 'हिरोशिमा शान्ति स्मारक' में सँजोयी गयी अणु बम विस्फोट की अनुभूतियों को दो वर्षों तक झेलते रहने के बाद रची गयी यह कविता वैज्ञानिक विकास और मनुष्य की तथाकथित प्रगति पर अट्टहास करती है—बहुत ही शान्त, संयत, व्यंजनापूर्ण स्वर में बम विस्फोट के दृश्य को सजीव करती हुई :

मानव का रचा हुआ सूरज
मानव को भाप बनाकर सोख गया
पत्थर पर लिखी हुई यह
जली हुई छाया
मानव की साक्षी है

आज हम परमाणु ऊर्जा के विविध उपयोगों से लाभान्वित होते हुए भी उनके विनाशकारी प्रभावों से त्रस्त हैं। चर्नोबिल परमाणु रिएक्टर की स्मृति अभी पुरानी नहीं हुई थी कि जापान में त्सुनामी के कहर के बाद फुकुशिमा दाइइचि परमाणु संयंत्र की विनाश लीला सिर पर मँडरा रही है।

'असाध्य वीणा' नामक सुप्रसिद्ध लम्बी कविता के लिए भी अज्ञेय जापान के ऋणी हैं। 1961 में लिखी गयी महाकाव्यात्मक औदात्य की गरिमा से पूरित इस कविता का कथानक एक चीनी कथा पर आधारित है। जापान के सुप्रसिद्ध विद्वान् ओकाकुरा काकुज़ो ने अपनी पुस्तक 'दि बुक ऑफ टी' में इस कथा का उल्लेख किया है। इस पुस्तक में साहित्य संगीत कला के आस्वाद के स्वरूप के सन्दर्भ में अपनी बात स्पष्ट करने के

लिए ओकाकुरा ने चीन के ताओ दर्शन से जुड़ी एक कथा 'वीणा साधना' कही है—

> कहा जाता है कि एक बार एक बेमिसाल प्रवीण शिल्पी ने किरी तरु की लकड़ी से एक अद्भुत वीणा तराशी, जिसके स्वरों को दुनिया का श्रेष्ठतम संगीतज्ञ ही साध सकता था। वीणा जब चीन के सम्राट को भेंट की गयी तो वे उसे देखकर अत्यधिक प्रसन्न हुए और इसे अमूल्य धरोहर की तरह सँभाल लिया। दुनिया भर के बड़े से बड़े संगीत साधकों को उन्होंने निमन्त्रित किया, इस आशा के साथ कि एक दिन वीणा के स्वरों की झंकार से उनके दरबार में दिव्य संगीत की तान गूँजेगी। लेकिन वह कोई ऐसी-वैसी वीणा न थी। एक से बढ़कर एक स्वर-साधक आये, पर वीणा के तारों से स्वर संगीत निकालने में विफल रहे। आखिरकार एक दिन वीणावादकों के सिरमौर राजकुमार पेइवोह आये। उन्होंने अपने हाथ के कोमल स्पर्श से वीणा को दुलारपूर्वक सहलाया मानो कोई अनियन्त्रित घोड़े को शान्त करने की कोशिश कर रहा हो; फिर हौले से तारों को स्पर्श किया, वीणा को नमन किया और फिर गाना शुरू किया। उन्होंने प्रकृति के, ऊँचे पहाड़ों से गिरते झरनों के, वेगवती नदियों के गीत गाये। हवा से झूमते पेड़ों की डालों, सरसराती पत्तियों पर टपकती ओस की बूँदों, वर्षा से भीगती डालियों के गीत गाये। किरी तरु की बीती स्मृतियों का संसार जाग उठा। भाव-समाधि की अवस्था के दिव्य क्षणों में राजा ने जब पेइवोह से उनकी सफलता का रहस्य पूछा तो उनका उत्तर था—"महाराज! मुझसे पहले वीणा को साधने की कोशिश करने वाले साधक इसलिए विफल रहे कि उन्होंने स्वयं अपने गीतों पर वीणा की तान छेड़नी चाही थी। मैंने तो स्वयं को वीणा की धुन पर छोड़ दिया—'कर दिया समर्पित!' फिर नहीं पता ठीक-ठीक क्या हुआ—वीणा पेइवोह में खो गई या पेइवोह वीणा में खो गया...।"

ओकाकुरा की यह पुस्तक अंग्रेजी में है और जापान में काफी लोकप्रिय है। अज्ञेय ने सम्भवतया इसी से प्रेरणा लेकर प्रियंवद द्वारा असाध्य वीणा की साधना की कथा गढ़ी है। कला के आस्वादन सम्बन्धी निबन्ध की शुरुआत ओकाकुरा इसी कथा से करते हैं इस तथ्य को स्थापित करने के लिए कि अहं को त्यागकर रचना के प्रति शिष्य भाव से समर्पण ही कृतिकार को कृती बनाता है और सामाजिक अथवा प्रमाता को रसास्वादन में समर्थ।

इस कथा में साधारणीकरण की प्रक्रिया को अत्यन्त सफल सांकेतिक बिम्बों द्वारा सम्पन्न होता प्रस्तुत किया गया है। अज्ञेय ने इस कथा को 'असाध्य वीणा' का आधार बनाया है। इसके भव्य औदात्य को कायम रखते हुए इसे भारतीय जीवन, परिवेश, पुराकथा, समाज, लोक और शास्त्र, जन और अभिजात संस्कार और सोच के साथ सम्पृक्त कर दिया है। इस प्रक्रिया से 'असाध्य वीणा' कविता में विशिष्ट महाकाव्यात्मक गरिमा एवं नाटकीयता की सृष्टि हुई है :

हाँ मुझे स्मरण है :
बदली-कौंध-पत्तियों पर वर्षा बूँदों की पट-पट।
घनी रात में महुए का चुपचाप टपकना
चौंके खग-शावक की चिहुँ
शिलाओं को दुलराते वन-झरने के
द्रुत लहरीले जल का कल निनाद।

प्रियंवद का आगमन, राजसभा के राजसी परिवेश में उनका स्वागत, वीणा की महत्ता का परिचय प्रियंवद द्वारा समर्पण भाव से वीणा को साधना, अपने अहं को त्यागकर वीणा की शक्ति को जगाना, चराचर प्रकृति के साथ-साथ तादात्म्य, एकाग्रता की समाधिस्थ अवस्था में संगीत सृष्टि, सभा में मौजूद सभी जनों का अपनी-अपनी भावभूमि के अनुरूप संगीत की धुन का आस्वादन आदि की अभिव्यक्ति के माध्यम से साहित्य और कला की रचना-प्रक्रिया और सहृदय का रचना से तादात्म्य इस कविता में प्रस्तुत किया गया है :

डूब गये सब एक साथ
सब अलग-अलग एकाकी पार तिरे

साहित्य के आस्वाद के सन्दर्भ में अहं के विगलन और द्वैत को छोड़कर अद्वैत की भूमि पर आ जाने से जुड़ा यह सन्दर्भ इस कविता को ज़ेन साधना और हाइकू से भी जोड़ता है।

कला की सृजनात्मकता का सिद्धान्त यहाँ अज्ञेय ने रचना के भीतर से महावाक्य के रूप में प्रस्तुत किया है। अहं का समर्पण, व्यक्तित्व का विसर्जन, द्वैत को छोड़ अद्वैत की भूमि पर आ जाना ही दर्शन के सत्य का कला का सत्य बन जाना है। ऐसी ही स्थितियों के आधार पर विजयदेव नारायण साही ने 'लघुमानव के बहाने हिन्दी कविता पर एक बहस' नामक निबन्ध में कहा है कि दर्शन और अनुभूति को घुलाने के लिए अज्ञेय वहीं से आरम्भ करते हैं जहाँ प्रसाद ने छोड़ा था। प्रसाद और अज्ञेय की समानता सहसा अचरज में डालती है। ('छठवाँ दशक' पृ. 317)

ध्यान देने की बात है कि ओकाकुरा ने यह कथा 'आर्ट एप्रिसिएशन' (कला का आस्वादन) नामक निबन्ध के आरम्भ में कही है और कहा है कि इस कथा के माध्यम से कला-आस्वादन के रहस्य को बहुत अच्छी तरह समझा-समझाया जा सकता है। ओकाकुरा का यह वक्तव्य भारतीय मन में सहज ही विचार जगाता है कि सम्भवतः बौद्ध दर्शन के साथ-साथ 'नाट्यशास्त्र' का 'रस' और 'साधारणीकरण' सम्बन्धी चिन्तन भी चीन-जापान पहुँचा होगा। ऐसा हुआ होगा अथवा नहीं—यह अपने आप में शोध का विषय है। फिलहाल तो यही कहा जा सकता है कि साहित्य अथवा कला की सौन्दर्यानुभूति के लिए 'अहं' के समर्पण का सिद्धान्त वस्तुतः व्यापक रूप से एशियाई सिद्धान्त है।

4

'उत्तर प्रियदर्शी' : नोह नाट्य प्रयोग

हिन्दी की लगभग सभी साहित्य विधाओं को अपने लेखन से समृद्ध करने वाले सच्चिदानन्द हीरानन्द वात्स्यायन अज्ञेय कविता और कथासाहित्य की भाँति नाटक के क्षेत्र में भी नये प्रयोगों से जीवन के रागदीप्त सच को उपस्थित करने वाले रचनाकार हैं। वे मूलतः अपने को कवि मानते हैं किन्तु साहित्य की नयी विधाओं में पहल करने में भी कभी नहीं चूकते; इसका प्रमाण यह है कि 'उत्तर प्रियदर्शी' नामक गीति-नाट्य की रचना कर उन्होंने एक बार पुनः अपनी प्रयोगशीलता का परिचय दिया है। 1967 में प्रकाशित उनकी यह नाट्य रचना इस दृष्टि से नया प्रयोग है कि वर्तमान अथवा समकालीन समय और कथ्य को अपनी रचना का विषय बनाने वाले अज्ञेय इस नाटक में अतीत का वर्तमान से संवाद स्थापित करने की ओर गये हैं। उनकी कविता और कहानियों में मिथक और बिम्ब भले ही पारम्परिक आये हों, कथ्य आज के जमाने का है। केवल इस नाटक में ही इतिहास की घटना को लिया गया है। हालाँकि हिन्दी नाटक परम्परा में ऐतिहासिक कथावस्तु मूल धारा का अंग रही है। प्रसाद का 'करुणालय', अथवा उदयशंकर भट्ट के 'मत्स्यगन्धा', 'विश्वामित्र', 'राधा' आदि गीति नाट्य प्राचीन ऐतिहासिक एवं मिथकीय कथ्य को लेकर ही लिखे गये हैं। इसी परम्परा में अज्ञेय जी ने सम्राट अशोक के जीवन की एक इतिहास प्रसिद्ध घटना को लेकर इस गीति नाट्य की रचना की है। साथ ही ऐतिहासिक स्रोतों को कल्पना के सूत्र में पिरोते हुए इस इतिहास प्रसिद्ध घटना के कार्य-कारण सम्बन्ध को मानवीय मनोविज्ञान के सन्दर्भ में स्थापित किया है।

अज्ञेय की प्रयोगशीलता का दूसरा पक्ष यह है कि जापानी नोह (नो) नाट्यशैली से प्रेरित होने के कारण हिन्दी गीति-नाट्य परम्परा में यह नाटक एक नया प्रयोग है और एशियायी रंगदृष्टि से प्रेरणा लेते हुए परम्परा का पुनः अवगाहन भी। सन् 1956-57 के दौरान अज्ञेय ने जापान की यात्रा की, वहाँ के साहित्य-संस्कृति से रचनात्मक संवाद स्थापित किया। यात्राएँ उन्होंने यूरोप की भी की थीं किन्तु एशिया के किसी जीवन्त परम्परा से सम्पन्न देश की यात्रा अज्ञेय जैसे सजग संवेदनशील रचनाकार के लिए एक भिन्न तरह का एक्सपोज़र सिद्ध हुई जिसने उनकी रचनाशीलता को नया उन्मेष और प्रयोगधर्मिता तो प्रदान की ही परम्परा और

आधुनिकता को नये सन्दर्भों में देखने-समझने की दृष्टि भी प्रदान की। 'अरी ओ करुणा प्रभामय' के हाइकू प्रयोग और अनुवाद 'सुनहरे शैवाल' की नयी कथ्यात्मक संवेदना में पगी कविताएँ इसी नये सर्जनात्मक उन्मेष का परिणाम हैं जिसकी चरम परिणति 'असाध्य वीणा' में हुई।

अज्ञेय के लिए जापान प्रवास की एक बड़ी उपलब्धि रही है कला-संस्कृति और प्रकृति से साक्षात्कार—जो जापानी नाट्य से रू-ब-रू हुए बिना पूरा नहीं होता। जापान का क्लासिक नाट्यरूप नोह अथवा नो अपने विशिष्ट स्वरूप और नाट्य प्रभाव के लिए विश्व-विख्यात है। पश्चिम के लेखकों और नाट्यविदों का जब अपने यथार्थवादी रंगमंच से बिल्कुल भिन्न, किन्तु अपने आप में अनूठी इस नाट्य शैली से परिचय हुआ तो व इससे इतने अभिभूत हुए कि उन्होंने इसे देखने, जानने और अनुकृत करने के विविध उद्यम किये। एज़रा पाउंड, डब्ल्यू. बी. येट्स, मायकोवस्की, मैटरलिंक आदि अनेक विश्व-प्रसिद्ध लेखकों, नाट्य-निर्देशकों को तो इसने सीधे-सीधे प्रभावित किया। यहाँ तक कि ब्रेख्त के महानाट्य की परिकल्पना में भी इसके अप्रत्यक्ष अवदान को अस्वीकार नहीं किया जा सकता। एज़रा पाउंड नोह के प्रति इतने आकृष्ट थे कि उन्होंने इसके अंग्रेजी अनुवाद किये। सन् 1912 में उन्होंने येट्स का नोह नाट्य रूप से परिचय कराया तो वे इसकी ओर आकृष्ट हुए बिना नहीं रह सके। सन् 1916 में जब उन्होंने एज़रा पाउंड और एर्नेस्ट फेनोलोसा द्वारा अनूदित-सम्पादित कुछ नोह नाटकों की भूमिका लिखी तो उन्होंने न केवल अंग्रेजी पाठकों को इस कल्पनामूलक रंग-शैली और कलात्मक औदात्य से परिचित•कराया बल्कि नाट्य और प्रेक्षक के कला-संस्कारपरक सम्बन्धों के स्वरूप और प्रक्रिया की व्याख्या को भी नयी दिशा दी। उनकी लिखी यह 'भूमिका' इसलिए बहुत महत्त्वपूर्ण है कि उन्होंने पश्चिम के लिए—विशेष रूप से आयरलैण्ड के रंगमंच के लिए नोह नाट्य परम्परा के महत्त्व को उद्घाटित किया है। उनका मानना है कि इससे प्रेरणा लेते हुए आयरिश रंगमंच अपनी देशी परम्परा का अवगाहन और निरूपण कर सकेगा। स्वयं अपनी नाट्य रचना के लिए नोह के महत्त्व को स्वीकार करते हुए येट्स ने नोह-रूप विधान में नये नाट्य प्रयोग किये। येट्स मानते हैं कि पश्चिम की यथार्थपरक कलाएँ जीवन की यथावत् प्रतिकृति के प्रयास में फोटोग्राफी की तरह स्थिर और कल्पना रहित हो जाती हैं—'वे तो हमारी जानी-पहचानी दुनिया का एक अंश ज्यों का त्यों रख देने में सन्तुष्ट हो जाती हैं—मानो एक फोटो लेकर सादे या जड़ाऊ चौखटे में बिठा दिया गया है' जब कि पूर्व की कल्पनामूलक कलाएँ जानी-पहचानी दुनिया से दूरी स्थापित करके ही हमारे अन्तरतम में गहराई तक प्रवेश करने की क्षमता रखती हैं। मेटरलिंक के 'दि इंटरल्यूड' जैसे नाटक में और उनके निबन्धों में नोह रंगमंच के संकेत मिलते हैं। इसका कारण है कि वे नोह के सूक्ष्म, कल्पनाशील और सादगीपूर्ण विधान से अत्यधिक प्रभावित थे।

इस तरह की वैश्विक पृष्ठभूमि में अज्ञेय जैसे सजग रचनाकार के लिए 'नोह' के प्रति विशिष्ट रुझान होना स्वाभाविक ही था। उनकी प्रयोग विश्वासी दृष्टि को किसी भी नये एक्सपोज़र की ओर बहुत तीव्रता से आकृष्ट तो होना ही था। उनका अपना एशियायी भारतीय सौन्दर्यबोध जापानी नाट्यकला के प्रति कई और तरह के आकर्षण रखता था। नोह की ज़ेन-बौद्ध दर्शन से अन्तरंगता, भारतीय कलाओं और नाट्य-साहित्य का कल्पनामूलक परिदृश्य, कवि-रचनाकार के रूप में साहित्य-संस्कृति के मर्म में अज्ञेय की गहरी पैठ, पुरातत्त्व ज्ञान की उनकी विरासत, संस्कृति, इतिहास एवं मिथक के पुनः अवगाहन की उनकी तीव्र आकांक्षा और प्रयोगधर्मी नये कवि के रूप में उनकी प्रश्नाकुलताएँ तो शामिल थी हीं, आधी सदी से ज्यादा का हिन्दी नाटक का परिदृश्य भी उनके सामने मौजूद था जिसमें पश्चिम के यथार्थवादी रंगमंच के प्रति पूर्ण समर्पण और निष्ठा भाव पैदा हो गया था। यथार्थवादी नाटक के चश्मे से प्रसाद के नाटकों की अभिनेयता पर प्रहारों की लम्बी परम्परा हिन्दी में चलती रही थी। अज्ञेय खुद भी इसी तरह की मान्यता रखते थे जिसके चलते उनके 'नदी के द्वीप' उपन्यास में प्रसाद के नाटकों की अभिनेयता पर सवालिया निशान लगाये गये हैं। लेकिन इसके बाद स्थिति बदली; छठे दशक के मध्य—विशेष रूप से सातवें दशक में से हिन्दी रंगमंच के क्षेत्र में नयी शुरुआत हुई और नाट्य लेखन और रंगकर्म नयी दृष्टि और सम्भावनाओं के साथ तेजी से सक्रिय हुआ। इसी समय अज्ञेय ने यह नया नाट्य प्रयोग किया। उन्होंने 'उत्तर प्रियदर्शी' का लेखन 1965 में शुरु करके 26.1.1967 को पूरा किया और इसके मंचन की योजना बनाई। 'उत्तर प्रियदर्शी' उस दौर के उन विरले नाटकों में से है जिनका मंचन पहले हुआ, प्रकाशन बाद में। मंचीय स्क्रिप्ट स्वयं अज्ञेय ने तैयार करके 7 मार्च, 1966 में पूरी की। 6-7 मई, 1967 को इसका पहला मंचन 'संवाद' नाट्य संस्था द्वारा त्रिवेणी सभागार में किया गया।

अपने इस नये ढंग के नाट्य प्रयोग में अज्ञेय ने भारतीय इतिहास की एक महत्त्वपूर्ण घटना को नोह के रूपविधान में ढाला है। सम्राट अशोक के जीवन से जुड़े इस प्रसंग को नाट्य विषय के रूप में चुनकर उन्होंने कई युक्तियों को एक साथ इस्तेमाल कर लिया है। कथ्य भारतीय इतिहास से सम्बद्ध हाने के कारण ठेठ देशी है लेकिन आधार उस बौद्ध कथा का लिया गया है जिसकी चर्चा चीनी यात्री फाह्यान और ह्वेनत्सांग के विवरणों में मिलती है तथा जिसकी पुष्टि उन्नीसवीं सदी के अन्त के दिनों में पुरातत्त्व प्रेमी वैडोल द्वारा कराई गयी पाटलिपुत्र की खुदाई में प्राप्त अवशेषों से होती है।

इस कथा के अनुसार *अपने किसी पूर्व जन्म में तथागत से प्राप्त आशीर्वाद के फलस्वरूप अशोक जम्बू द्वीप (भारत) का सम्राट हुआ। सम्राट अशोक अत्यन्त अहंकारी, प्रचण्ड स्वभाव का क्रूर शासक हुआ जिसने दुष्टों यानी अपने विरोधियों*

को दण्ड के रूप में दारुण यन्त्रणा देने का विधान किया। उसने एक नरक का निर्माण कराया। परम नृशंस व्यक्ति (जो प्रेतों के राजा यम के सिवा और कौन हो सकता था) को खोजकर इस नरक का एकछत्र अधिपति नियुक्त किया। जो कोई व्यक्ति नरक में प्रवेश करता उसे घोर (यम) के गण भीषण यातना देते। यहाँ यमराज की यातना के मिथक और अशोक द्वारा स्थापित नरक का भाष्य करें तो समझ सकते हैं कि युद्धों में लगातार विजय के मद ने अशोक के अहंकार और नृशंसता का इतना विस्तार कर दिया कि वह शत्रुओं की रक्त की नदियाँ बहाकर शान्त नहीं हुआ; उन शत्रुओं के प्रेतों (यानी अशोक के मत अथवा कृत्यों के विरोधियों) को भी नारकीय यातना का ठोस इन्तजाम उसने किया।

किन्तु एक दिन एक अनोखी घटना घटी। भिक्षाटन करता हुआ एक बौद्ध भिक्षु उस नरक द्वार में प्रवेश कर गया। यम के कोल्हू में पिसते लोगों के रक्त के लाल झाग को देखकर भिक्षु के मन में शरीर की नश्वरता और जीवन की निस्सारता का बोध जागा। तभी यम के गणों ने उसे भी खौलते कड़ाह में डाल दिया; किन्तु गणों के द्वारा दी गयी यन्त्रणा के भय से मुक्त वह भिक्षु अखण्ड सन्तोष भाव से कमल के ऊपर पद्मासन में बैठा दिखाई दिया। यम के गणों ने जाकर राजा को बताया कि आज नरक में चमत्कार हो गया है जिसे चलकर अवश्य देखिए। राजा ने बताया कि वह नरक में न जाने के लिए प्रतिश्रुत है। किन्तु गणों ने आग्रह किया कि यह असाधारण घटना है। सम्राट को स्वयं अवश्य देखना चाहिए। पिछली व्यवस्था और नियम तो बदला भी जा सकता है। राजा वहाँ जाकर नरक में प्रविष्ट हुआ; भिक्षु ने उसे धर्मोपदेश दिया जिससे राजा को मुक्ति मिली। उसने नरक तुड़वा दिया और अपने पाप का प्रायश्चित किया। तब से राजा त्रिरत्न को मानने लगा।

सन् 405 ई. में भारत यात्रा के दौरान मगध यात्रा का यह विवरण फाह्यान का है। इसे नाट्य कथा के आधार पर बनाते हुए अज्ञेय भारतीय इतिहास और नोह नाट्य वस्तु दोनों का निर्वाह कर लेते हैं। अशोक का त्रिरत्न को मानना—बौद्ध मतानुयायी हो जाना—ऐतिहासिक घटना है वहीं बौद्ध भिक्षु का आना और प्रेतराज घोर के गणों से उनका साक्षात्कार नाट्य विधान की घटना।

भिक्षु के उपदेश से हुए आत्मज्ञान से राजा की मुक्ति प्राप्त होने की घटना नोह के नाट्य विधान के भीतर इतिहास का समावेश कर देती है। जापानी नोह नाटक की 'घटना' अक्सर कथा रूढ़ि के रूप में होती है। यात्रा करते हुए बौद्ध भिक्षु किसी खास स्थान, विशेष अर्थवत्ता या महत्त्व वाले पवित्र स्थल, मन्दिर-कब्रगाह आदि पर पहुँचता है जहाँ उसकी भेंट किसी प्रेत, देवी-देवता जैसे आधिभौतिक प्राणी से होती है। प्रेतात्मा के पूर्व जीवन के पाप और उसके परिणामस्वरूप भोगी जा रही नारकीय यातना की प्रस्तुति संगीत, गायन और नृत्य के माध्यम से होती है। अपने सांसारिक भावों और आवेगों से बँधे इन प्रेत पात्रों की सहज मुक्ति नहीं होती। बौद्ध श्रमण

अथवा कभी-कभी प्रार्थना करके बुलाए गये देवता उन्हें आत्म-ज्ञान प्रदान कर मुक्ति दिलाते हैं। उन्हें इस यातना से मुक्ति दिलाने में प्रकृति उनकी सहचरी होती है यानी जल, बर्फ, पशु-पक्षी उनके सहायक बनकर बौद्ध श्रमण से अनुरोध करते हैं कि उस पर कृपा करें। नोह नाटकों की इस मुक्ति और ज़ेन बौद्ध दर्शन से उसके आन्तरिक जुड़ाव को समाहित करते हुए अज्ञेय के नाटक का यह दृश्य सम्राट अशोक के जीवन की ऐतिहासिक घटना से सम्बद्ध हो गया है। सम्राट अशोक के चित्त में व्याप्त अहंमूलक घृणा और क्रूरता का बौद्ध भिक्षु के उपदेश से जागे आत्मज्ञान के परिणामस्वरूप शमन होता है; और सम्राट को अपने अहंग्रस्त मन के नरक से मुक्ति प्राप्त हो जाती है; क्रोध और क्रूरता के स्थान पर मन में करुणा का उद्रेक होता है।

इस तरह अज्ञेय का प्रयोगशील रचनाकार कलिंग के महाप्रतापी विजेता प्रियदर्शी अशोक के सम्राट बनने के बाद अशोक के मन में वैराग्य जागने की घटना का तार्किक-बौद्धिक कारण खोज लेता है। इतिहासकार जिस प्रश्न को लेकर मौन हैं रचनाकार उस प्रश्न का उत्तर संस्कृति, मिथक और मनोविज्ञान में ढूँढ निकालता है और नोह के रचना-विधान के भीतर गौतम बुद्ध की असीम करुणा का विस्तार होता है।

चीन, जापान आदि देशों में पहुँचकर बौद्ध धर्म में क्षात्र धर्म का समावेश हो गया। ज़ेन बौद्धमत भी शौगुन (योद्धा समुराइयों के सरदार) के पराक्रम से अभिन्न रूप से सम्बद्ध रहा है। नोह नाटकों में भी कई बार सैन्य जीवन की अधूरी आकांक्षाओं और क्लेशों को झेलते प्रेतों की यातनाओं की नृत्य-संगीतात्मक अभिव्यक्ति और उसके शमन की प्रस्तुति होती है। किन्तु भारतीय चित्त तो बुद्ध की करुणा और अहिंसा को ही जानता है जिसने युगों-युगों तक विस्तार पाते हुए सन्त भक्तों से लेकर गांधी तक को गहराई से प्रभावित किया है। सम्राट अशोक की अपने अहंकार से मुक्ति को भी 'मन अभिमान न माने रे' की इसी परम्परा में देखा जाना चाहिए। नोह में मुक्ति प्रेतात्मा की होती है किन्तु यहाँ मुक्ति स्वयं व्यक्ति के अपने हृदय में मौजूद अहंकार रूपी प्रेत की हुई है। हृदय की यह मुक्तावस्था वैज्ञानिक तर्क की कसौटी पर भी खरी सिद्ध होती है। यहाँ अज्ञेय नोह के परम्परागत रचना-विधान की बजाय आधुनिक भावबोध के साथ होते हैं क्योंकि उनका नाटक हिन्दी पाठकों के लिए है जिनकी अपनी निजी मानसिक बनावट और भावबोध है जो जापानी मन और सौन्दर्यबोध से भिन्न है।

नोह नाटक में अति प्राकृत-शक्तियों की मौजूदगी अवश्य होती है। देवता, दैत्य, 'तेंगु', अतिप्राकृत जीव प्रेतात्माएँ इनमें पात्र के रूप में आते हैं। दिलचस्प बात यह है कि प्रेतात्माएँ यहाँ किसी अमंगल, भय अथवा जुगुप्सा का आधार होकर या छिछले, सतही मनोरंजन बनकर नहीं, सामान्य रूप से और सौन्दर्य बोध एवं आस्वाद-प्रक्रिया का अंग बनकर आती हैं। जापान में 'क्वाइदान' (प्रेतात्माओं की मौजूदगी पर

आधारित कथा) की जीवन्त और सम्पन्न परम्परा है। जापानी साहित्य और लोक साहित्य दोनों में ही प्रेतात्माओं की मौजूदगी से सरसता, रोचकता और स्वाभाविकता की सृष्टि की जाती है। 'मिमिनाशी होइची' एक अन्धे गायक के हेइके योद्धाओं की प्रेतात्माओं द्वारा वशीभूत हो जाने, और बौद्ध मन्दिर के महन्त द्वारा मन्त्रोच्चार और मन्त्रांकन के माध्यम से इस वशीकरण से मुक्ति की कथा आज भी जापान की प्रिय लोक कथाओं में से एक है। जापानी साहित्य-संस्कृति की संवेदना को यह बहुत सुन्दर ढंग से उजागर करती है। इस सन्दर्भ में नोह नाट्य परम्परा के शिखर पुरुष जेआमी का यह कथन कि—'प्रेतच्छायाएँ भयावनी नहीं सुन्दर होती हैं'—बहुत थोड़े शब्दों में जापानी साइके को व्यक्त कर देता है। वस्तुतः जापानी कवि नाटककार के मन में समाधि स्थल अथवा कब्रगाह के प्रति एक भव्य आकर्षण पूर्ण पीड़ा का भाव लक्षित होता है। पितर पूजक एशियायी साहित्य परम्परा यहाँ जीवनोत्तर संसार की प्रस्तुति जीवन के विस्तार के रूप में करती है। नोह नाटकों में अक्सर किसी पवित्र स्थल, मन्दिर अथवा शिंतो देवालय या उनसे सटे कब्रस्थल में प्रेत, प्रधान पात्र की देवी-देवता, बौद्ध भिक्षु से भेंट हो जाती है, प्रेत अथवा प्रधान पात्र में अपनी अतृप्त आकांक्षाओं की बेचैनी, जीवनकाल में अपने साथ हुए अन्याय, प्रेम में बिछोह को लेकर पीड़ा अपने दुष्कर्मों के पाप-बोध को व्यक्त करता है। प्रधान पात्र के क्लेश, वेदना, अथवा पीड़ा का सहृदयता और सहानुभूति के साथ उन्मोचन-शमन बौद्ध भिक्षुओं के माध्यम से होता है।

नोह नाट्य में जापानी साहित्य और संस्कृति की कई धाराओं का समावेश है "शिंतो मन्दिरों में देवताओं और प्रेतात्माओं के सम्मान में रचे गये दृश्य, दरबारी नृत्य और काव्य वाचन, बहुत-सा प्राचीन प्रगीत काव्य; उसकी दार्शनिक भूमि और अन्तिम परिष्कार कदाचित् बौद्ध ज़ेन सम्प्रदाय की देन थी।' ('नोह नाटक : एक भूमिका'—डब्ल्यू. बी.येट्स)।

पश्चिमी नाटकों में भी प्रेतात्माओं अथवा आधिभौतिक शक्तियों की मौजूदगी होती है किन्तु यह नाटक में केन्द्रीय महत्त्व नहीं पाती। ये संसार के कार्य-कलाप को प्रभावित करने आती हैं। स्वयं अपने संसार की प्रस्तुति के लिए नहीं जब कि नोह में उन्हें केन्द्रीय महत्त्व मिलता है।

भारतीय साहित्य-संस्कृति में प्रेत की सम्मानजनक उपस्थिति की परम्परा लगभग नहीं है। लोक संस्कृति में भले ही प्रेत-योनि में विश्वास और ओझागिरी द्वारा प्रेत-शमन के विधान की मौजूदगी रही हो हिन्दी साहित्य में तो मुक्तिबोध की 'ब्रह्मराक्षस' कविता में फैंटेसी और मिथक के रूप में इस्तेमाल के अलावा इसके प्रतीकात्मक उपयोग का उदाहरण शायद ही कहीं मिले। आधुनिक शिक्षा और सोच इसे अन्धविश्वास अथवा रूढ़िवाद या मानसिक रोग के रूप में ही देखते हैं। अतः स्वाभाविक ही है कि अज्ञेय नोह का प्रभाव ग्रहण करते हुए भी अपनी नाट्य रचना

को हिन्दी समाज की पाठकीय संवेदना और साहित्यिक परिवेश के अनुरूप ही निर्मित करें। 'उत्तर प्रियदर्शी' में प्रेतों को दुष्टात्माओं के रूप में संकेतिक किया गया है जिन्हें प्रेतों का राजा 'घोर' नृशंस यातना देकर दण्डित करता है।

नोह नाटकों की भाँति बौद्ध भिक्षुओं अथवा श्रमणों द्वारा पवित्र मन्त्रोच्चार द्वारा आत्मशुद्धि के माध्यम से मुक्ति का विधान यहाँ नहीं रखा गया है; न ही जीवन काल की अपूर्ण आकांक्षाओं की पूर्ति अथवा शमन के माध्यम से आत्मा की मुक्ति का विधान है। इस तरह से प्रेतात्माओं के प्रति करुणा अथवा रुझान के भाव की कोई सम्भावना इस नाटक में नहीं रखी गयी है। भारतीय परम्परा और सोच तथा भगवान बुद्ध की करुणा के अनुरूप अहंकार के शमन-विगलन के माध्यम से क्रूर-नृशंस सम्राट अशोक की आत्मा की मुक्ति का विधान किया गया है। यहाँ नरक और यमलोक के मिथक का प्रतीकात्मक इस्तेमाल करते हुए विरोधियों को अकारण कठोर दण्ड की व्यवस्था के रूप में प्रस्तुत किया गया है। साथ ही सम्पूर्ण व्यवस्था का उत्स मानव के भाव-जगत् में माना गया है। जहाँ अहंकार की पराकाष्ठा नरक को जन्म देती है और करुणा के उद्रेक के परिणामस्वरूप अहंकार के विगलन होते ही नरक स्वयं ध्वस्त हो जाता है। भारतीय चिन्तन, साहित्य और साहित्यालोचन का आधारभूत बीज इसी बिन्दु पर टिका है। अज्ञेय ने अपने सम्पूर्ण साहित्य एवं चिन्तन में इसी बीज विचार का विस्तार किया है।

'उत्तर प्रियदर्शी' नाटक को नोह की भाँति जीवन और जीवन के पश्चात् के त्रास के बीच में सेट न करते हुए जीवन की निरन्तरता में ही सेट किया गया है। करुणा के उद्रेक और विस्तार के पश्चात् घोर (यम) और उसके नरक की भी कोई आवश्यकता नहीं रह गयी अतः घोर के स्वतः प्रस्थान का विधान किया गया है। इस तरह अज्ञेय ने यहाँ यम के रूप में अतिप्राकृत तत्त्व की मौजूदगी को नोह की भाँति वास्तविक और अवास्तविक संसार की सन्धि पर रखने की बजाय वास्तविक संसार का अंग बनाते हुए प्रस्तुत किया है। यहाँ तो अंगुलिमाल अथवा अजातशत्रु की अथवा वाल्मीकि के आरम्भिक जीवन की कथा की भाँति हृदय-परिवर्तन की सम्भावना को स्थापित किया गया है। नोह का नितान्त अनुकरण न करते हुए बौद्ध कथा के भारतीय परिवेश को कायम रखा है। यहाँ नोह की नाटकीय युक्ति के रूप मे प्रेत-छायाएँ भी मौजूद हैं; उनकी यातनाएँ भी हैं; यात्रा करता बौद्ध भिक्षु भी है और मुक्ति भी। फर्क इतना है कि यहाँ भाव-संसार के तार्किक ढंग से उन्नयन के कारण मुक्ति ज्यादा बुद्धिग्राह्य और मानवीय मनोविज्ञान के अनुकूल बन पड़ी है। पाठक/दर्शक पश्चिमी ढंग के नाटक की भाँति यथार्थ को देखता नहीं हृदय में उसकी प्रतीति का अनुभव करता है।

'उत्तर प्रियदर्शी' और नोह नाटकों में समानता का एक बिन्दु यह है कि इसकी सेटिंग पश्चिमी नाटकों के ढंग पर वास्तविक समय में न होकर काल की निरन्तरता

में है। जिस समय इस नाटक की रचना हुई उस समय तक हिन्दी नाटक में यथार्थवाद की आँधी गुजर चुकी थी। 'अन्धा युग' और 'आषाढ़ का एक दिन' जैसे कल्पनामूलक नाटकों तथा इब्राहिम अल्काज़ी जैसे निर्देशक के माध्यम से नया रंग-आन्दोलन चल चुका था। ऐसे में अज्ञेय ने अशोक के जीवन से जुड़ा कथानक लेते हुए भी उसे यथार्थ कार्यकलाप की बजाय भाव जगत् पर आधारित किया। नोह नाटक का तो रचना-विधान ही काल की निरन्तरता का है जिसमें पात्र अपने बीते जीवन में वापस लौटकर उसके शेष अंश को नाटक के माध्यम से जीने का अवसर पाते हुए मुक्ति को प्राप्त करता है।

'उत्तर प्रियदर्शी' एशियायी रंग-दृष्टि का नाटक है जो पश्चिमी नाट्य दृष्टि से इस अर्थ में बिल्कुल भिन्न है कि पश्चिमी नाटक में देश और काल की वर्तमानता का महत्त्व होता है क्योंकि नाटक का केन्द्र बिन्दु वास्तविक समय में स्थापित होता है लेकिन नोह नाटक रेखाचित्र कला की भाँति कालातीत होता है। उसमें 'शिते' (प्रधान पात्र) इस संसार से मुक्ति की आवश्यकता प्रदर्शित करता है—जीवन के उस अंश को पूरा किये जाने की वांछनीयता प्रकट करता है जो अब भी उससे लिपटा हुआ है। वास्तविक घटनाएँ लुप्त और दूर हैं केवल उनकी अनुभूति का सार शेष है। जब 'शिते' मंच पर प्रवेश करता है तो वह अतीत संसार का, दन्त कथाओं का, मृग मरीचिका की दुनिया का प्राणी दिखाई देता है। उसका द्वन्द्व, संघर्ष, पीड़ा और अलोड़ित करने वाली भावुकता रंगमंच पर घटित होती नहीं दिखाई जाती; रंगमंच पर वह विस्मृत भावेग की छाया अथवा प्रेत होता है—काल विशेष में नहीं काल की निरन्तरता में मौजूद। उत्तर प्रियदर्शी में अशोक अपनी स्फीत अहन्ता का नरक स्वयं झेलता है। भिक्षु उसे यह बोध कराता है कि नरक स्वयं उसके अपने मन में है और उसकी सत्ता स्वयं उसी ने यम को सौंपी है उसका विनाश भी मन में ही होगा—

"पर वह सत्ता नहीं तुम्हारी
शासन सार्वभौम, आत्यान्तिक अनलंघ्य,
वह जो है—
उसका भी उत्स
वहीं है—
(पहचानो तो!)—
X X X
जहाँ तुम्हारे अहंकार का!
यम की सत्ता स्वयं तुम्हीं ने दी उसको
तुम हुए प्रतिश्रुत
एक समान अकरुणा के बन्धन में!
नरक तुम्हारे भीतर है वह! वहीं

जहाँ से निःसृत पारमिता करुणा में उसका अघ घुलता है—
स्वयं नरक ही गल जाता है।
एक अहन्ता जहाँ जगी-भव-पाश बिछे, साम्राज्य बने—
प्राचीर नरक के वहीं खिंच गये;
जागी करुणा-मिटा नरक,
साम्राज्य ढहे कट गये बन्ध
आप्लावित ज्योति के कमल कोश में
मानव मुक्त हुआ!

अहंकार से जन्मा यह नरक और अहंकार के त्याग से जागी करुणा केवल एक समय विशेष की घटना नहीं मानव मात्र का चिरन्तन सत्य है जिसे किसी साधु की संगति में ही पाया जा सकता है।

नाटक के रचना विधान की दृष्टि से भी यहाँ नोह का प्रभाव देखा जा सकता है। 'उत्तर प्रियदर्शी' में संगीत का भरपूर उपयोग किया गया है। संगीत मुख्य रूप से प्रभाव सृष्टि के लिए है—पात्रों की मनोभूमिका को प्रभावशाली बनाने के लिए। राजा के अहंकार और भिक्षु की करुणा एवं शान्ति के परिवेश को संगीत-वाद्य के प्रभाव से सघनता और विस्तार मिला है। नरक के पाश का प्रभाव, विनाश का ताण्डव, कशाघात, चीत्कार आदि के प्रभाव की सृष्टि प्रबल वाद्य संगीत-ध्वनि प्रभावों द्वारा की गयी है।

नोह के प्रधान वाद्य बाँसुरी के उपयोग का उल्लेख यहाँ नहीं है। नोह में बाँसुरी का उपयोग परिवेश की निर्मिति की दृष्टि से बहुत महत्त्वपूर्ण होता है नाटक का आरम्भ शान्त वातावरण में बाँसुरी के स्वर के साथ होता है जिससे सुदूर गम्भीर परिवेश का प्रभाव दर्शक के मन में उभरता है। 'उत्तर प्रियदर्शी' में परिवेश की सृष्टि 'नमो बुद्धाय' के समवेत गायन से की गयी है जो अशोक के पूर्व जन्म की कथा की प्रस्तुति के लिए पृष्ठभूमि निर्मित करता है।

संवादकों के गायन का उपयोग कई तरह से हुआ है—(1) पात्रों की उक्तियों की पुनरावृत्ति द्वारा सघन प्रभाव के लिए, (2) पात्रों के कथन के अधूरे अंश को पूरा करने के लिए और (3) समवेत स्वर में 'स्मरण करो, स्मरण करो...' कहकर अतीत को पुनः स्थापित (Flash back) करने के लिए या फिर कथन पर बल देने के लिए।

फ्लैश बैक की तरह अतीत की पुनः प्रस्तुति द्वारा कथा की निर्मिति वास्तव में नोह की एक युक्ति है जिसके इस्तेमाल से नाटक जीवन और जीवनेतर संसार के बीच झूलता हुआ पात्र अपनी यातनाओं से मुक्ति पाता है। नोह नाटक के चरम क्षण में प्रकृत आवेगों की अराजकता की प्रस्तुति स्वरूप प्रधान पात्र का एक प्रबल नृत्य होता है : इसकी रीति प्रधान भंगियाँ और चारियाँ युद्ध भी निदर्शित कर सकती हैं, विवाह भी और प्रेतलोक की यातना भी। नोह शब्द का अर्थ है कला अथवा संस्कार

जिसे निरन्तर साधना से अर्जित करने में ही अभिनेता अपनी सिद्धि मानता है। संस्कारवान दर्शक ही नोह को समझने सराहने में—एप्रिशिएट करने में—सक्षम होता है। गायक वृन्द पात्र के पिछले जीवनांश के विषय में कथागायन अथवा समुचित काव्य गायन करके फ्लैश बैक के प्रभाव की सृष्टि करता है।

'उत्तर प्रियदर्शी' में नियोजित समवेत (कोरस वृन्द) स्वर के माध्यम से फ्लैश बैक के नियोजन का विधान किया गया है किन्तु 'स्मरण करो स्मरण करो...' गायन फ्लैश बैक के प्रभाव की सृष्टि नहीं कर पाता केवल अतीत की प्रस्तुति की रूढ़ि मात्र बनकर रह गया है। 'स्मरण करो' कह देने मात्र से दर्शक अथवा पाठक अतीत के संसार में नहीं विचरने लगता।

प्रस्तुति मंच के रचना-विधान की दृष्टि से भी नाटक को नोह के नज़दीक लाने की योजना अज्ञेय ने की है। नाटक के आरम्भ में रंग परिकल्पना का रेखाचित्र प्रस्तुत किया गया है। लेखक ने यह आरेख रेखाचित्र प्रकाशन से पहले हुई प्रस्तुति की स्क्रिप्ट में ही दे दिया था। ध्यान से देखें तो यह नोह रंगमंच से काफी मिलता जुलता है। यहाँ हम दोनों का चित्र देते हुए इनकी तुलना कर सकते हैं। **चित्र-1** जापानी नोह मंच (Stage) का है और **चित्र 2** 'उत्तर प्रियदर्शी' के लिए लेखक द्वारा सुझाए गये मंच का।

दोनों को ध्यान से देखें तो पायेंगे कि—

- ☞ दोनों चित्रों में दर्शकों के बैठने के स्थल से कुछ ऊँचाई पर प्रस्तुति स्थल है जिसका आकार चौकोर है।
- ☞ नोह मंच के पीछे बड़े चीड़ के वृक्ष का चित्र अंकित है जिसका प्रतीकार्थ है कि प्रस्तुति किसी मन्दिर या देवालय के प्रांगण में हो रही है। जापानी मन्दिरों और शिंतो देवालयों में बहुत से वृक्ष होते हैं। लेखक द्वारा परिकल्पित प्रस्तुति स्थल की पृष्ठभूमि में पत्थरों की दीवार है उसके पीछे देवतरु (देवदारु) का वृक्ष है। भारतीय मिथक परम्परा में देवदारु का अपना महत्त्व है।
- ☞ दोनों ही मंचों के दायीं ओर प्रवेश मार्ग की दीर्घा है लगभग तीन-चार फुट चौड़ी। यह दीर्घा प्रेक्षागृह की दायीं ओर की दीवार तक जाती है। नोह नाटक के दोनों पात्र इसी दीर्घा पर धीरे-धीरे चलते हुए मंच पर प्रवेश करते हैं।
- ☞ दोनों चित्रों में इस दीर्घा के सहारे छोटे-छोटे तीन वृक्ष खड़े हैं।
- ☞ किन्तु दोनों में एक बड़ा अन्तर यह है कि 'उत्तर प्रियदर्शी' के प्रस्तावित मंच पर एक और दीर्घा बनाई गई है जो कि सामने की तरफ से आती हुई प्रस्तुति मच के निकट पहुँचकर इस बायीं ओर वाली दीर्घा से मिल जाती है। लेखक द्वारा तैयार की गयी प्रोडक्शन स्क्रिप्ट में निर्देश है कि प्रमुख पात्र—अशोक और भिक्षु—इस सामने वाली दीर्घा के ऊपर चलकर मंच पर प्रवेश करेंगे और गौण पात्र उद्‌घोषक और घोर आदि दायीं ओर वाली दीर्घा से।

चित्र-1 जापानी नोह रंगमंच

चित्र-2 'उत्तर प्रियदर्शी नाटक के लिए स्वयं अज्ञेय द्वारा की गई रंग परिकल्पना का आरेख'

नोह रंगमंच पर ऐसा कोई प्रवेश मार्ग नहीं होता। प्रधान पात्र दायीं ओर की दीर्घा से ही बहुत धीरे से चलकर मंच पर आते हैं। अज्ञेय द्वारा प्रस्तावित आरेख में प्रस्तुति मंच के सामने की ओर से दर्शक दीर्घा में से होते हुए प्रधान पात्रों का प्रवेश हमें जापानी काबुकी रंगमंच के 'हानामिची' की याद दिलाता है। सम्भवतया इस दीर्घा की परिकल्पना करते समय अज्ञेय जी के मन में काबुकी रंगशाला उमड़ती-घुमड़ती रही हो। विश्व प्रसिद्ध काबुकी नाट्य शैली के प्रधान पात्र 'हानामिची' पर चलकर ही मंच पर पहुँचते हैं। वस्तुतः हानामिची प्रस्तुति मंच के अग्रभाग को रंगशाला के सामने की दीवार से जोड़ने वाला तीन-चार फुट चौड़ा मार्ग होता है जिसकी ऊँचाई प्रस्तुति मंच के समान ही होती है। प्रधान पात्र दर्शकों के निकट—उनके बीच से ही—इस मार्ग पर चलकर ही प्रस्तुति मंच पर पहुँचता है। उससे दर्शकों का प्रथम परिचय हानामिची पर ही होता है वास्तव में उसका अभिनय यहीं से प्रारम्भ हो जाता है। उसकी चाल-ढाल, मूक अभिव्यक्तियों, देह भाषा, उसके स्वभाव और भूमिका का परिचय यहीं से मिल उठता है।

☞ मंच पर स्तम्भ की परिकल्पना भी नोह की भाँति 'उत्तर प्रियदर्शी' में भी की गयी है। हालाँकि यहाँ स्तम्भ पिछली दीवार के पास मंच के मध्य में रखा गया है जिसके पास बौद्ध भिक्षु ध्यान मुद्रा में बैठता है। नोह में भी मंच पर खम्भे का विधान है यह पतला लकड़ी का खम्भा वस्तुतः प्रधान पात्रों-'शिते' और 'वाकी' के अभिनय स्थल का सूचक होता है। चूँकि दोनों ही पात्र निरपवाद रूप से मुखौटा धारण किये होते हैं अतः मुखौटे के नीचे से थोड़ा-बहुत ही देख पाते हैं। खम्भे की मौजूदगी उन्हें प्रस्तुति का अपना-अपना स्थल निर्धारित किये रखने में सहायक होती है।

☞ 'उत्तर प्रियदर्शी' में मुखौटे का प्रयोग सभी प्रधान पात्रों के लिए नहीं केवल यम के भयानक रूप के प्रभाव की सृष्टि से आहार्य के रूप में किया गया है। अतः पात्रों को अपना स्थल निर्धारित करने के लिए खम्भे की जरूरत नहीं। यहाँ खम्भे के ऊपर विराजमान कमल का उपयोग ध्यानस्थ भिक्षु के पीछे मौजूद बौद्ध मत के पुण्डरीक के प्रतीक के रूप में हुआ है।

☞ नोह नाटक और जापानी ज़ेन बौद्ध दर्शन का अन्तरंग सम्बन्ध है। नाट्य वस्तु और संरचना दोनों की ही दृष्टि से नोह में ज़ेन रचा-बसा है। इसी के चलते पाँच शताब्दियों के बीतने पर भी नोह के पारम्परिक रूप में कोई परिवर्तन नहीं हुआ। 'उत्तर प्रियदर्शी' की बौद्ध कथा और ऐतिहासिक कथावस्तु का आश्रय इसके बौद्धकाल के निकट होने का अहसास कराता है साथ ही अतीत के माध्यम से वर्तमान को भी प्रस्तुत करता है।

'उत्तर प्रियदर्शी' की नाट्य प्रस्तुतियाँ यद्यपि ज्यादा नहीं हुई हैं लेकिन जो हुई

हैं वे ऐतिहासिक महत्त्व की हैं, पहली प्रस्तुति नाट्य-स्क्रिप्ट तैयार हो जाने के बाद जल्दी ही हुई। 6 और 7 मई, 1967 को दिल्ली के त्रिवेणी कला संगम में 'संवाद' संस्था द्वारा लक्ष्मीनारायण लाल के निर्देशन में की गयी इस प्रस्तुति में राजेन्द्र वर्मा ने प्रियदर्शी अशोक, रमन लाल ने घोर, रामगोपाल बजाज ने मन्त्री और महेश कुमार गौड़ ने भिक्षु की भूमिका की तथा ओम शिवपुरी ने घोर की भूमिका में स्वर दिया। गोपाल माथुर, उषा खुराना, वीना माथुर, ओमप्रकाश अरोड़ा, सुधा विष्ट, गौरीशंकर संवादक के रूप में उतरे। मंच सज्जा में इब्राहिम अल्काज़ी ने सहयोग दिया।

1967 की इस प्रस्तुति के प्रचार-प्रबन्ध में सहयोगी रहे दिल्ली विश्वविद्यालय के डॉ. जयदेव तनेजा ने तैयारी के दौरान और प्रस्तुति के दर्शक के रूप में अपने अनुभव बताते हुए कहा कि रिहर्सल के दौरान बहुत उत्साह-उमंग थी; रिहर्सलों में अज्ञेय जी के साथ कपिला जी भी आतीं। समवेत गायकों को मंच पर चक्कर लगाने में पैरों की गति के विषय में सुझाव भी देतीं। 'स्मरण करो...स्मरण करो...' गायन और लय से Flash back में ले जाने का प्रयास कराया जाता। हम लोग नोह के विषय में जानते नहीं थे अतः नोह रंग शैली और नाट्य परिकल्पना की जानकारी भी अज्ञेय जी और कपिला जी देते। नेशनल स्कूल ऑफ ड्रामा के नये-नये स्नातक ओम शिवपुरी और रामगोपाल बजाज अभिनेताओं को उच्चारण के विषय में सुझाव-सलाह देते। मुख्य अभिनेता रेडियो आर्टिस्ट थे वे आंगिक-वाचिक भंगिमाओं और वाणी के उतार-चढ़ाव के समुचित उपयोग सम्बन्धी इन सुझावों के अनुसार अभिनय का प्रयास करते। हालाँकि प्रस्तुति करते हुए वे पात्रों को प्रभावपूर्ण ढंग से उतार नहीं पाये।

उन्होंने यह भी बताया कि दर्शक बड़ी तादाद में आये त्रिवेणी प्रांगण भरा था हालाँकि नाट्य प्रस्तुति से बहुत प्रभावित नहीं हुए। छात्रों का रिहर्सल के और तैयारी के दौरान का उत्साह भी प्रस्तुति देखने के बाद कायम न रह सका। ऐसा महसूस हुआ कि लेखक ने यह प्रयोग केवल प्रयोग के लिए किया है। दर्शक के लिए कुछ भी विशेष ग्रहणीय नहीं है। लम्बे अन्तराल के बाद 1999 में रतन थियम द्वारा की गयी प्रस्तुति देखने के बाद नाटक के बारे में पूरी की पूरी धारणा ही बदल गयी।

1999 में रतन थियम ने यह प्रस्तुति मणिपुरी में की थी। 'उत्तर प्रियदर्शी' का मणिपुरी में अनुवाद कृष्ण मोहन शर्मा ने किया था। कोरस रेपर्टरी थिएटर इम्फाल के कलाकारों द्वारा इसकी प्रस्तुति राष्ट्रीय नाट्य विद्यालय के 'अभिमंच' नाट्यशाला में हुई। यह प्रस्तुति वास्तव में बहुत सम्प्रेषणीय और प्रभावशाली थी।

रतन थियम की प्रस्तुति की जीवन्तता और सम्प्रेषणीयता का मूल आधार उनके द्वारा चुनी गयी मणिपुरी नाट्य-नृत्य शैली और सामरिक नृत्य-नाटक कलाएँ (martial arts) थीं, जिसके परिणामस्वरूप लोकधर्मी और नाट्यधर्मी रीतियों के साथ अस्त्र-संचालन कौशल की निपुणता, लाघव और क्षिप्रता की प्रस्तुति सम्भव हुई।

कल्पनामूलकता, प्रतीकात्मकता के साथ-साथ गति एवं लय की सघनता, तीव्रता और मन्दता का समावेश हुआ। कल्पनामूलक कलाओं द्वारा अनिवार्य रूप से पैदा की जाने वाली दूरी (distance) को स्थापित करने में यह प्रस्तुति सक्षम रही। पश्चिमी यथार्थपरक कला और एशियायी कल्पनामूलक कला के बीच मुख्यतया यही अन्तर होता है कि यथार्थपरक कलाओं का लक्ष्य हमारी जानी-पहचानी दुनिया को अधिकाधिक ज्यों का त्यों प्रस्तुत करना होता है जबकि एशियायी कला दृष्टि का उद्देश्य ही दर्शक को यह अहसास कराए रखना होता है कि वह यथार्थ जीवन को नहीं, उसकी कलात्मक अनुकृति को देख रहा है। डब्ल्यू.बी.येट्स के शब्दों में कहें तो—"सभी कल्पनामूलक कलाएँ एक दूरी पैदा करती हैं। एक बार स्थापित हो जाने पर संसार के समक्ष इस दूरी का दृढ़तापूर्वक निर्वाह करना होता है। नाटकीय घटना के साथ पद्य, कर्म-व्यापार, संगीत नृत्य आदि के लिए आवश्यक होता है कि अंग-भंगी, मुख मुद्रा, आहार्य अभिनय और मंच-व्यवस्था, सभी इस दूरी के निर्वाह में योग दें।" (नोह नाटक : एक भूमिका)

रतन थियम ने अपनी इस प्रस्तुति में मणिपुरी संकीर्तन, गायन, संगीत, लोक नृत्य, सामरिक कला नृत्य, शास्त्रीय नृत्य, आहार्य और आंगिक-वाचिक मुद्राओं-भंगिमाओं के साथ-साथ स्वर, लय एवं नाद एवं संगीत का समुचित योग किया। फलतः 'उत्तर प्रियदर्शी' को दर्शकों के लिए एक अपूर्व कलानुभव बन गया। नाट्य प्रस्तुति मणिपुरी भाषा में थी किन्तु के सम्प्रेषण में भाषा की दीवार ढह गयी। दिल्ली के दर्शकों ने नाटक को वैसे ही भरपूर सराहा जैसे मणिपुरी, ओडिसी, भरत नाट्यम आदि शास्त्रीय नृत्यों को सराहते हैं। मणिपुरी संकीर्तन, संगीत और मन्त्रोच्चार के स्वर और नाद में 'नमो बुद्धाय' कहता हुआ सात-आठ भिक्षुओं का समूह जब धीमी-गति से मंच पर उतरा तो उसने दर्शकों का ध्यान पूरी तरह बाँध लिया। 'नमो बुद्धाय' की ध्वनि के साथ मन्द-मन्द गति से चक्कर लगाते हुए उन्होंने तथागत की उपस्थिति और बालक द्वारा उन्हें मुट्ठीभर मिट्टी का दान करने का दृश्य मंचन कर करुणा के अपार विस्तार का परिवेश निर्मित किया। काव्यात्मक संवाद-प्रस्तुति के उदात्त स्वर में शब्द और नाद की संगति से ओज पैदा हुआ। पारम्परिक ताल वाद्यों के साथ गायन, ध्वनि प्रभाव और फिर अचानक निःशब्द मौन के माध्यम से वह कलात्मक दूरी (डिस्टेन्सिंग) स्थापित हुई जो सम्प्रेषण की प्रक्रिया में दर्शक की कल्पना को जाग्रत कर देती है; हमारे आसपास के संसार से और स्वयं हमसे दूर रखे गये चरित्रों, बिम्बों और प्रतीकों के माध्यम से हमें मन की सूक्ष्म गहराइयों में ले जाती है जिनकी सूक्ष्मता के कारण हम अब तक उनमें प्रविष्ट न हो सके थे।

गजराज पर आसीन सम्राट के मंच पर आगमन के दृश्य में आहार्य एवं ध्वनि प्रभावों के माध्यम से ऐश्वर्य और राजकीय भव्यता की सृष्टि की गयी। विजय दर्प स्फीत प्रियदर्शी अशोक द्वारा नरक के निर्माण के आदेश का दृश्य संक्षिप्त रखा गया।

नरक की सृष्टि और यातनाओं का विस्तार अनेक तरह की युक्तियों से किया गया। वंशी वादन के पश्चात् तेज़ उद्यत संगीत ध्वनि-प्रभावों, प्रतीकात्मक दृश्यों, रौरव यन्त्रणाओं, चीत्कार ध्वनियों, अर्तनाद की अनुगूँजों, प्रकाश-प्रभावों, आहार्य अभिनय और देह-मुद्राओं के अलावा मणिपुर की अनूठी सामरिक कलाओं—क्षिप्र-त्वरित अस्त्र-संचालन, मुख मुद्राओं और शारीरिक गतियों-भंगिमाओं के माध्यम से नरक की अनुभूति कराई गयी।

कुल मिलाकर रतन थियम का पूरा बल मणिपुरी रंगमंच पर था नोह के अनुसरण पर नहीं। किन्तु सामरिक कलाओं के समावेश ने इस प्रस्तुति को नोह के निकट ला दिया। नोह के उत्स जापानी ग्रामीण लोक नृत्यों, समुराई संस्कृति और चीन की संगीत-नृत्य प्रधान सामरिक कलाओं में माने जाते हैं जिनकी कला निपुणता पर्याप्त साधना एवं अभ्यास से अर्जित होती थी। ध्यान रखने की बात है कि चीन-जापान में पहुँचे बौद्ध धर्म में करुणा के साथ-साथ सामरिक दक्षता का भी समावेश हुआ था। मणिपुरी सामरिक नृत्य-संगीत का समावेश इस प्रस्तुति को प्राचीन 'सांगाकु नोह' नाटकों के निकट ले आया।

हालाँकि इस प्रस्तुति में नरक यातनाओं के रूप में जहाँ व्यक्ति को खौलते तेल के कड़ाही में डालने या कोल्हू में पीसने के दृश्य के लिए स्टेज प्रॉपर्टी का इस्तेमाल किया गया वहाँ प्रस्तुति प्रभावपूर्ण न रहकर स्थूल और सपाट हो गयी। किन्तु उसके पश्चात् बौद्ध भिक्षु के आगमन, अशोक के अहंकार के विगलन और करुणा के सन्देश के दृश्य खूब प्रभावपूर्ण रहे। लम्बे अन्तराल के बाद एक प्रतिभावान और अन्तर्दृष्टि सम्पन्न निर्देशक के हाथों 'उत्तर प्रियदर्शी' एक क्लासिक नाट्य कृति के रूप में उभरकर सामने आया। एक बार पुनः लोगों का ध्यान इस महत्त्वपूर्ण नाट्य रचना की ओर आकृष्ट हुआ। इक्कीसवीं सदी के लिए इसके महत्त्व को समझते हुए नन्द किशोर आचार्य ने 2002 में इसे एक संक्षिप्त भूमिका के साथ पुनः प्रकाशित करा के इसकी नोह शैली की ओर पाठकों का ध्यान दिलाया।

अभी कुछ समय पहले चीन में आयोजित विश्व महोत्सव में रतन थियम ने चीन में 'उत्तर प्रियदर्शी' का मंचन चीन में किया और बुद्ध के सन्देश को पूर्वी एशिया में पहुँचाने के इतिहास का आज के युग में इस नाटक की प्रस्तुति के माध्यम से पुनराविष्कार किया। रतन थियम से जब इस नाटक में उनकी दिलचस्पी और उनके प्रयासों के अनुभव जानने चाहे तो उन्होंने दो बातों पर खासतौर से जोर दिया—इस नाटक की समसामयिकता और सार्वदेशिकता की पहचान और उसे दृश्य रूप में सम्प्रेषणीय बनाने के लिए किये गये अपने शोध; जिसके लिए उन्होंने थाइलैण्ड, भूटान, म्यांमार, पेरिस आदि यात्रा की और म्यांमार में अंकित नरक यातना की चित्रकला का खोजपरक अध्ययन किया था।

इस तरह 'उत्तर प्रियदर्शी' की रंग प्रस्तुतियों का इतिहास संक्षिप्त किन्तु अर्थवान

रहा है और भविष्य में भी रहेगा। प्रारम्भिक प्रस्तुति के दौरान हिन्दी रंगमंच इस प्रयोगशील नाट्य रचना की सम्भावनाओं को अधिक गहराई से उद्घाटित नहीं कर पाया था क्योंकि उसका बल इसे केवल इतिहास के पुनः अवगाहन के सन्दर्भ में ही देखने पर रहा था। इसमें निहित सांकेतिक, प्रतीकात्मक अर्थ-व्यंजना—युद्ध और शान्ति, यम और प्रेत, विनाश और निर्माण की द्वन्द्वात्मकता के प्रश्न को गहराई से नहीं उठा पाया था किन्तु आज हम उन्हें बहुत सहजता से देख सकते हैं।

अज्ञेय ने इसे 1965 में लिखना शुरू किया था। इसकी पृष्ठभूमि में चीन का भारत पर आक्रमण और 1965 का भारत-पाक युद्ध रहा था जिसमें विजय भारत की ही हुई थी। किन्तु विजय का उल्लास मानव की यात्रा का अन्तिम पड़ाव नहीं हो सकता; यह प्रश्न अज्ञेय के सामने था और इसी का उत्तर पाने के लिए यह इतिहास के उस बिन्दु पर पहुँचे थे जहाँ शौर्य एवं विजय की चरम उपलब्धि भी मनुष्य को सुख-चैन नहीं दे पाती।

आज युद्ध या युद्ध की आशंका, आतंकवाद, उग्र राष्ट्रवाद, प्राकृतिक साधनों और विश्व बाजार पर अधिकार की होड़ मानव जाति को हर क्षण तबाह किये है तब यह नाटक हमें कई तरह से प्रासंगिक और सार्थक प्रतीत होता है। आज इस नाटक के टेक्स्ट में अर्थ की अनन्त सम्भावनाओं की परतें दिखाई देती हैं, और एक खास सीमा के बाद इस नाटक की अर्थव्यंजकता अपनी अर्थ बहुलता में प्रबुद्ध पाठक को चकित करती है।

5

'असाध्य वीणा' : पुनःपाठ

'आँगन के पार द्वार' में संकलित 'असाध्य वीणा' (1961) नामक लंबी कविता अपने महाकाव्यात्मक औदात्य और नाटकीय दृश्यात्मकता में निराला की सुप्रसिद्ध कविता 'राम की शक्ति पूजा' की याद दिलाती है। शक्ति और सृजन को बाहर और अंदर की टकराहट के रूप में देखती हुई दोनों कृतियों में आत्मदान (अहं के समर्पण) के माध्यम से साधना को सिद्ध किया गया है। निराला ने रामकथा को आधार बनाया है और अज्ञेय ने एक चीनी कथा को जो उन्हें जापान में मिली। चीन के ताओ दर्शन से जुड़ी 'वीणा साधना' नामक कथा इस प्रकार है–

बहुत समय पहले चीन के लुंगमैन की तंग घाटी–होनान प्रांत के ड्रेगुन दर्रा–में एक विराट किरी तरु था, इतना विराट कि वनस्पति जगत का राजा कहला सकता था; इतना ऊँचा कि लगता मानो सिर उठाए तारों से बतिया रहा है; जड़ें धरती में इतनी भीतर गईं कि पाताल में लेटे शेषनाग की कुंडली के साथ कस कर गुँथी हुई थीं। कहा जाता है कि एक बार एक बेमिसाल प्रवीण शिल्पी ने इस किरी तरु की लकड़ी से एक अदभुत वीणा तराशी जिसके तारों पर दुनियाँ का श्रेष्ठतम संगीतज्ञ ही स्वर साध सकता था।

वीणा जब चीन के सम्राट को भेंट की गई तो वे इस अनूठी वीणा को देख कर अत्यधिक प्रसन्न हुए और इसे अमूल्य धरोहर के रूप में सँभाल लिया। उन्होंने देश-देशांतर के बड़े से बड़े संगीत साधकों को इस आशा के साथ निमंत्रित किया कि इस अनूठी वीणा के तारों की झनकार से निकले दिव्य संगीत की तान उसकी सभा में गूँजेगी। किंतु वह कोई ऐसी वैसी वीणा न थी। एक से बढ़कर एक स्वर साधक आए किंतु वीणा के अनम्य तारों को साध कर स्वर-संगीत निकालने में विफल रहे। वे भरसक प्रयास करते किंतु वीणा लगातार उनकी अवहेलना करती; उनकी उँगलियों की थिरकन वीणा के हठीले तारों को उनके गीतों की धुन के अनुरूप सुनम्य न बना सकी; वे बहुत प्रयास करते किन्तु परिणाम उलटा होता। वीणा से अत्यंत अप्रिय ध्वनि निकलती जिसकी संगति उनके गीतों के साथ किसी तरह न बैठती। ऐसा लगता मानो वीणा किसी को भी साधक के रूप में स्वीकार करने को तैयार न थी; वह असाध्य ही रहना चाहती थी।

आखिरकार एक दिन वीणा-वादकों के सिरमौर राजकुमार पेइवोह आए। उन्होंने अपने हाथ के कोमल स्पर्श से वीणा को दुलारपूर्वक सहलाया मानो कोई अनियंत्रित घोड़े को थामने की कोशिश कर रहा हो; फिर हौले से तारों को स्पर्श किया; वीणा को नमन किया और फिर गाना शुरू कर दिया। उन्होंने प्रकृति के गीत गाए; बदलती ऋतुओं के, ऊँचे पहाड़ों से गिरते झरनों के, वेगवती नदियों के गीत गाए, हवा से झूमते पत्तों की डालों के, सरसराती पत्तियों पर टपकती ओस की बूँदों के, वर्षा से भीगती डालियों के गीत गाए।

किरी तरु की बीती स्मृतियों का संसार जाग उठा; स्मृतियों में लुंगमैन की घाटी सजीव हो उठी; उसे याद आई शाखाओं से खेलते वसंत के मादक पवन की मधुर भीनी गंध; पहाड़ से निकल घाटी की ओर दौड़ते-थिरकते-नाचते, नई चटकती कलियों से अठखेलियाँ करते प्रपात। थोड़ी ही देर में सुनाई दी गरमाती अलस हवा में लंबी नींद से जागते अनगिनत कीट पंतगों की भुनभुन-गुनगुन झुन-झुन और फिर तेज झुलसती गर्मी से तपती धरती पर छाए घुमड़ते-घिरते बादल, पट-पट पड़ती वर्षा की बूँदें, कोयल की कुहकन, शेरों की गर्जन से गूँजती घाटी; शरद की सूनी रात में ओस की बूंदों पर चमकती चाँदनी, जाड़े की लंबी घनी अंधेरी रातें, झरती बर्फ की फुहारों के बीच उड़ते-चक्कर खाते हंसों के झुंड, डालों को बेरहमी से झकझोरती पड़पड़ गिरती ओलों की बौछारें।

थोड़ी देर बाद पेइवोह ने प्रेम गीत की मधुर रागिनी छेड़ी। सारा अरण्य वन गहन भावों में डूबे उत्कट प्रेमी की तरह अपने आप में डोल उठा; सुंदर सफेद बादल दर्प से दीप्त सुंदरी की भाँति आकाश में तैरने लगा; अपनी लंबी गहरी छाया धरती पर फैलता मानो वह अपने प्रेमी से दूरी बनाए रख उसे तरसा रहा हो।

थोड़ी देर बाद पेइवोह ने फिर से राग बदला और वीरता एवं शौर्य के गीत गाना शुरु कर दिया; युद्ध भूमि में खनकती तलवारों, हिनहिनाते दौड़ते, रौंदते घोड़ों के गीतों की सगंति में वीणा के तारों से लुंगमैन की घाटी में आए तूफानों का स्वर फूटने लगा; आकाश में कौंधती-कड़कती बिजली, बादलों से झाँकता जल देवता ड्रेगुन, भीषण गर्जन के साथ झंझावात, पहाड़ों से टकराती वनस्पतियों कौ रौंदती महावृष्टि की तान गूँज उठी।

भाव-समाधि की अवस्था के दिव्य क्षणों में राजा ने जब पेइवोह से उनकी सफलता का रहस्य पूछा तो उनका उत्तर था—"महाराज! मुझ से पहले इस वीणा को साधने की कोशिश करने वाले साधक इसलिए विफल रहे कि उन्होंने अपने गीतों पर वीणा की तारों से रागिनी छेड़नी चाही। मैंने ऐसा नहीं किया मैंने अपने को वीणा की धुन पर छोड़ दिया; कर दिया समर्पित; फिर ठीक-ठीक पता नहीं क्या हुआ वीणा पेइवोह में खो गई या पेइवोह वीणा में खो गया...।"

इस कथा की चर्चा जापानी साहित्य, संस्कृति, कला को नवजागरण के संदर्भ

में व्याख्यायित-विश्लेषित करने वाले सुप्रसिद्ध विद्वान ओकाकुरा काकुजो ने जापानी "चो नो यू" (चाय-आतिथ्य) के प्रसंग में की है; इस तथ्य को स्थापित करने के लिए कि अहं का परित्याग कर परंपरा, संस्कृति और प्रकृति के प्रति शिष्य भाव से समर्पण ही सृजन अथवा प्रस्तुति को संभव बनाता है और पाठक/दर्शक को रचना अथवा कला-प्रस्तुति के आस्वाद में समर्थ। जब ओकाकुरा से पूछा गया कि जापानी जीवन और संस्कृति की प्रतिनिधि प्रस्तुति "चा नो यू" में आए अतिथियों के लिए चाय कक्ष में टंगे चित्र पर अपनी-अपनी राय देना क्यों ज़रूरी होता है तो उनका कहना था कि इसे ज़रूरी-गैर-ज़रूरी के रूप में न देख कर कला को देखने-समझने सराहने की प्रक्रिया के रूप में देखा जाना चाहिए। वास्तव में इसे चित्रकला ही नहीं संगीत, साहित्य, नृत्य, नाटय आदि सभी के आस्वाद की प्रक्रिया के रूप में देखा जाना चाहिए। अपनी बात को स्पष्ट करने के लिए उन्होंने "वीणा साधना" की कथा कही और स्पष्ट किया कि इस कथा के माध्यम से हम कला के आस्वाद के रहस्य को बहुत अच्छी तरह समझ सकते हैं। श्रेष्ठ कलाकृति हमारी श्रेष्ठतम अनुभूतियों पर प्रस्तुत स्वर-संगति होती है—सच्ची कलाकृति पेइवोह है और हम लुंगमेन की वीणा। कलाकृति के सम्मोहक संस्पर्श से हमारे हृदय के सुप्त भावों और संवेदनों के तार झंकृत हो उठते हैं; कलाकृति से इस संसर्ग की प्रतिक्रिया स्वरूप हम अंतरतम से आंदोलित हो कर जागृत हो उठते हैं; रचनाकार और पाठक-दर्शक के बीच हृदय संवाद होने लगता है। हम अनकहे के सुनने लगते हैं थोड़ी देर के लिए हम अपने आप को भूल जाते हैं और रचनाकार की संवेदना से तदाकार हो जाते हैं; भारतीय काव्यशास्त्र की शब्दावली में कहें तो "निज मोह संकट निवारण" की स्थिति में पहुँच जाते हैं—मैं, मेरा, ममेतर (मुझे से इतर) का बोध हमें नहीं रहता। श्रेष्ठ रचना को पढ़ते हुए अथवा उसकी प्रदर्शनपरक प्रस्तुति देखते हुए हमारे साथ ऐसा ही होता है।

वास्तव में यह भारतीय काव्यास्वाद की प्रक्रिया का साधारणीकरण सिद्धांत ही है जो ओकाकुरा द्वारा वर्णित इस चीनी कथा के माध्यम से सर्जनात्मक, दृश्यात्मक संवेदना के रूप में प्रस्तुत हुआ है। ऐसा भी हो सकता है कि बौद्ध धर्म के साथ हुए सांस्कृतिक आदान-प्रदान की प्रक्रिया में भारतीय साहित्य-सिद्धांत भी पूर्वी एशिया पहुँचा हो। ऐसा न भी हुआ हो तब भी इतना तो निश्चित है कि एशिया के लोगों की साहित्य-कला आस्वाद की प्रक्रिया की विवेचन-पद्धति लगभग समान धरातल पर विकसित हुई। ताओ दर्शन में इसके विवेचन को शास्त्रीय सैद्धांतिकता से बाहर निकाल कर सर्जनात्मक सौन्दर्यपरक रूप प्रदान कर दिया गया जो निश्चय ही अपने आप में एक अद्भुत उपलब्धि है।

चीनी और जापानी सौन्दर्यानुभूति की बनावट और विकास में चाय की सांस्कृतिक कलात्मक प्रक्रिया और प्रस्तुति का विशेष योगदान रहा है। जापान में

तो आज भी मौजूद है। "चा नो यू" अपने आप में एक कला सर्जना है—एक प्रस्तुति परक, प्रदर्शनपरक-कला, सृजन जिसमें अहं के परित्याग, विनम्रता और सादगीपूर्ण कलात्मक अनुभूति पर विशेष बल है। ओकाकुरा द्वारा यह कथा इस तथ्य को स्थापित करने के लिए कही गई है कि वैयक्तिक अहं का परंपरा, संस्कृति और प्रकृति के प्रति शिष्य भाव से समर्पण ही सृजन को संभव बनाता है और पाठक-दर्शक को रचना अथवा कलाकृति के आस्वाद में समर्थ।

अज्ञेय ने 'वीणा साधना' नामक इस कथा को ग्रहण करते हुए 'असाध्य वीणा' कविता लिखी जो नयी कविता दौर की श्रेष्ठतम कविताओं में से एक है। हालांकि ऐसे लोगों की भी कमी नहीं रही जो 'असाध्य वीणा' के विलायती संदर्भ खोजते हुए इसे नकल कह कर खारिज करते रहे; लेकिन हिंदी साहित्यलोचन परंपरा में उन्हें कोई विशेष स्वीकृति नहीं मिली। सुधी-समीक्षकों ने 'असाध्य वीणा' को "शक्ति और सृजन के अंतर्बाह्य द्वंद्व में देखने के प्रयास" के रूप में ही स्वीकार किया।

वास्तव में यहाँ चीनी जापानी कथा को आधार बनाते हुए अज्ञेय ने उसे भारतीय परिवेश, परंपरा, मिथक, इतिहास, संस्कृति-लोक और शास्त्र के संदर्भ में पुनः सृजित करते हुए परंपरा में वैयक्तिक प्रतिभा के अवदान का एक अद्भुत उदाहरण प्रस्तुत किया है। आज विर्निर्मिति अथवा विखंडन (deconstruction) तथा पाठकवादी आलोचना के जमाने में हम इस कविता का पाठ-पुनःपाठ करें तो इसमें बहुलार्थकता के अनेक संदर्भ दिखाई देते हैं। हम पाते हैं कि कला और साहित्य की सर्जना के रहस्य खोलती इस कविता में सघन दृश्यात्मक नाटकीय प्रभावात्मकता और उदात्त कथात्मकता युक्त पेइवोह की कथा ऐसी सर्जनात्मक ऊर्जा के साथ भारतीय स्रोतों के भीतर रोप दी गई है कि नितांत देशी जीवन की चीज़ बन गई है साथ ही इसका मूल स्वरूप भी सुरक्षित रहा है। कविता राजा के दरबार में प्रियवंद के प्रवेश की सूचना और उनके व्यक्तित्व का परिचय देते हुए शुरु होती है

आ गए प्रियवंद! केश कम्बली! गुफा गेह

एक दम नाटकीय ढंग से प्रवेश; वन पर्वत की गुफा में रहने वाले लंबे केश वाले तपस्वी की साधक का चित्र। चीनी कथा में पेइवोह राजकुमार है किंतु अज्ञेय ने उसे राजकीय और दरबारी परिवेश—सामंतीय परिवेश से निकाल कर भारतीय परंपरा में स्थापित किया है जहाँ कवि सृष्टा, साधक ऋषि होते रहे हैं व्यास और वाल्मीकि की "कविर्मनीषी परिभू स्वयंभू" की परंपरा में। सुविज्ञ, लोक-संग्रही ज्ञान का सृष्टा होने के कारण सर्जक को, कवि को ऋषि परंपरा में रखा गया है वह साधक है महाकवि है सम्माननीय है—

कृतकृत्य हुआ मैं तात! पधारे आप

राजा द्वारा ऋषि साधक, रचनाकार का सम्मान! वीणा साधना की मनोकामना पूरी होने की आशा-भरोसा। असाध्य वीणा के तारों की सुरीली झनकार सुन पाने की

अभिलाषा की अभिव्यक्ति के बाद वीणा का परिचय–वीणा क्यों असाधारण है? शब्द-चित्रों के माध्यम से वीणा को भारतीय इतिहास, भूगोल, मिथक, वन्य जीवन, ऋतु चक्र, प्रकृति के विविध रूपों के बीच योगियों, तपस्वियों की–साधकों की साधना में स्थापित किया गया है–

यह वीणा उत्तराखंड के गिरि प्रांतर से
घने वनों में जहाँ तपस्या करते हैं व्रतचारी–
बहुत समय पहले आयी थी।

अति प्राचीन किरीट तरु से वज्रकीर्ति ने यह वीणा गढ़ी थी इसे गढ़ने में अपना सारा जीवन लगा दिया था–

उसी किरीटी तरु से वज्रकीर्ति ने सारा जीवन इसे गढ़ा
हठ साधना यही थी उस साधक की।

बौद्ध मत, कठिन साधना मार्ग से जुड़ा नाम है वज्रकीर्ति, प्राचीन भारतीय इतिहास के विस्तृत-काल खंडों का स्मरण दिलाता; बौद्ध भिक्षुओं, श्रमणों, हठयोगी साधकों, कला साधना रत शिल्पियों की समर्पित साधना की हल्की सी झलक दिखाता। मंत्रपूत किरीटी तरु की पुरातनता विशालता का चित्र पुनः प्रकृति के विराट रूपों, नाना वन्य जीवधारियों और पाताल लोक में नाग वासुकि के मिथक को परस्पर एक साथ ले आता है।

चीनी कथा में राजकुमार पेइवोह ने वीणा को इस तरह दुलारपूर्वक सहलाया था मानो अनियंत्रित घोड़े को शांत करने का प्रयास कर रहे हों, हौले से तारों का स्पर्श किया और फिर गाना शुरु किया था। वह राजकुमार थे और उनका रण-कौशल और अश्व-साधन उनके वैभव का एक बड़ा उपादान। अतः कथा की उपमाएँ और प्रतीक भी उस तरह के हैं। 'असाध्य वीणा' के माध्यम से अज्ञेय काल की सांस्कृतिक यात्रा करते हैं अतः शिष्य भाव और साधक भाव पर बल है। जाने-माने कलांवतों के प्रयासों के बावजूद असाध्य रही वीणा को राजा ने जब प्रियवंद को सौंप दिया तो प्रियवंद ने वीणा को बहुत आदर के साथ प्रणाम किया और बहुत विन्रमतापूर्वक कहा :

...राजन! पर मैं तो
कलावंत हूँ नहीं, शिष्य साधक हूँ-
जीवन के अनकहे सत्य का साक्षी

मंत्रपूत किरीटी तरु की लकड़ी से गढ़ी गई अभिमंत्रित वीणा वज्रकीर्ति की जीवन भर की साधना की प्रतिफल है। ध्यान मात्र ही इनको तो गद्गद् विह्वल करने वाला है। व्रजकीर्ति जैसे रचनाकार द्वारा किरीटी जैसे तरु से निर्मित यह वीणा मानो-परंपरा का श्रेष्ठतम रूप है। साधक प्रियवंद को उसे साधना है : परंपरा को जगाकर उसमें अंतःप्रवेश करके उसमें पैठ कर–कमा कर नया सृजन करने की राह तलाशनी है-सृजन करना है।

जिस किरीटी तरु से वीणा निर्मित हुई है उसी को प्रियवंद अपने आप को सौंप देता है वीणा के तारों पर मस्तक टिका कर अपने आप को शोधने लगता है। अपने आप को कैसे शोधता है? सब कुछ भूल कर, सभा को भूल कर। अपने मन, की अतल गहराइयों के सघन एकांत में अपने आप को किरीटी तरु को सौंप देता है, दम्भ को पूरी तरह विसर्जित कर पूर्ण समर्पण के भाव से

कम्बल पर अभिमंत्रित एक अकेलेपन में डूब गया था।

कुछ वैसे ही जैसे कबीर कहते हैं "हौं फिर बहुरि अकेला" अथवा हजारीप्रसाद द्विवेदी कहते हैं– "अलबेला में ऐसा अकेला हुआ"। स्मृति की, परंपरा की एकाग्र साधना के अकेलेपन में डूबे प्रियवंद को वह किरीट तरु अपने समक्ष दिखाई देने लगता है :

जिसकी जड़ वासुकि के फन पर थी आधारित
जिसके कंधों पर बादल सोते थे
और कान में जिसके हिमगिरि कहते थे अपने रहस्य।

संबोधित कर उस तरु को
करता था नीरव एकालाप प्रियवंद।

प्रियवंद का "नीरव एकालाप" क्या है? विराट, सुदीर्घ, गहन परंपरा से संवाद ही तो है–वही संवाद जिसे आचार्य हजारी प्रसाद द्विवेदी शव-साधना कहते हैं। जो व्यतीत है जो अतीत है उसी के ऊपर बैठ कर उसे खोजना, तलाशना यानी उसके भीतर प्रवेश कर उसे अच्छी तरह जान कर समझ कर पहचान कर उसका अवगाहन करना; उसमें से मूल्यवान को निकालना। द्विवेदी जी के शव-साधना के रूपक में उलटे पड़े शव की पीठ पर एक व्यक्ति बैठा हुआ साधना कर रहा है। उसकी तपस्या साधना के परिणामस्वरूप थोड़ी देर बाद उलटे पड़े शव का मुँह उस व्यक्ति की ओर घूम जाता है और शव उस व्यक्ति से बातचीत करने लगता है। द्विवेदी जी का कहना है कि वह शव परंपरा है अतीत है इसलिए मृत है किंतु जब हम उसकी साधना करते हैं यानी उसका अवगाहन करते हैं तो वह जाग उठता है। हमारे और उसके बीच जीवंत संवाद शुरू हो जाता है।

असाध्य वीणा को साधना वस्तुतः परंपरा को साधना है रचना के द्वारा मौलिक योगदान देना है। किरीट तरु परंपरा है जो वीणा के रूप में प्रियवंद के समक्ष मौजूद है। काल के अजस्र प्रवाह के साथ ध्यानलीन प्रियवंद विस्तृत परंपरा में संचित अनुभव एवं ज्ञान संपदा के प्रति श्रद्धावान हो उसे संबोधित करता है–

ओ दीर्घकाय
ओ पूरे झारखंड के अग्रज
तात, सखा गुरु, आश्रय,

त्राता महच्छाय,
ओ व्याकुल मुखरित वन-ध्वनियों के
वृन्दगान के मूर्त रूप
मैं तुझे सुनू
देखूँ ध्याऊँ
अनिमेष स्तब्ध-संयत, संयुत, निर्वाक
कहाँ साहस पाऊँ छू सकूँ तुझे

सन् 1945 में प्रकाशित 'त्रिशंकु' मे संकलित निबंध 'रुढ़ि और मौलिकता' में अज्ञेय ने लिखा था। *"...रुढ़ि के, परम्परा के विरुद्ध हमारा कोई विद्रोह हो सकता है तो यही कि हम अपने को परम्परा के आगे जोड़ दें और यह योग किस प्रकार होता है? साहित्यकार के आत्मदान द्वारा। कलाकार निरंतर अपने व्यक्तिगत मन को, अपने तात्कालिक, अधिक क्षणिक अस्तित्व को, एक महानतर मन में एक और एक विशालतर अस्तित्व के ऊपर निछावर करता रहता है, अपने निजी व्यक्तित्व को एक बृहत्तर व्यक्तित्व के निर्माण के लिए मिटाता रहता है। यह आत्म निवेदन मृत्यु नहीं है—ऐतिहासिक चेतना के सहारे कलाकार को जानना चाहिए कि व्यक्तित्व का उत्सर्ग विनाश नहीं है, क्योंकि उसके द्वारा वह उस परंपरा को भी परिवर्धित कर रहा है जिस पर वह निछावर है। छोटे व्यक्तित्व से निरंतर बढ़े—व्यक्तित्व की ओर बढ़ते जाना—यही कलाकार की प्रगति और उन्नति है। और ऐतिहासिक चेतना परंपरा के स्पंदन की अनुभूति—इस उन्नति का साधन और मार्ग है।"*

सन् 1961 में "असाध्य वीणा" की रचना कर अज्ञेय अपने इसी विचार को सजर्नात्मक अभिव्यक्ति देते हैं रचनाकार के श्रद्धावनत आत्मदान का सजीव चित्रांकन करके—

कौन प्रियवंद है कि दम्भ कर
इस अभिमंत्रित कारु वाद्य के सम्मुख आवे?

परंपरा से दंभ के साथ नहीं जुड़ा जा सकता। अहंकार को पूरी तरह शमित कर स्पर्धा को भूल कर ही परंपरा में प्रवेश किया जा सकता है; उस सृजनशीलता से साक्षात्कार किया जा सकता है जिसमें अनेक-अनेक साधकों की साधना ने अपना समर्पित योगदान दिया है—

ओ विशाल तरु
X X X
तेरी काया को छेद, बाँध कर रची गई वीणा को
किस स्पर्धा से
हाथ करें आघात
छीनने को तारों से

एक चोट में वह संगीत जिसे रचने में
स्वयं न जाने कितने स्पन्दित प्राण रच गए।

परंपरा का अवगाहन तो शिष्य भाव से, शिशु भाव से, जिज्ञासा से, उत्सुकता से ही संभव है–

नहीं, नहीं! वीणा यह मेरी गोद रखी है रहे
किंतु मैं ही तो
तेरी गोदी में बैठा मोद भरा बालक हूँ,
ओ तरु तात! सँभाल मुझे,
मेरी हर किलक
पुलक मैं डूब जाय,
मैं सुनूँ
गुनूँ
विस्मय से भर आँखें
तेरे अनुभव का एक-एक अंतस्वर
तेरे दोलन से झूमूँ मैं तन्मय-
गा तू :
X X X
यह वीणा रखी है तेरा अंग-अपंग
किंतु अंगी, तू अक्षत, आत्म-भरित
रसविद्
तू गा :
मेरे अँधियारे अन्तस में आलोक जगा
स्मृति का
श्रुति का...

परंपरा के प्रति जागरूकता का नितांत नाटकीय कौतूहल युक्त अंकन इन पंक्तियों की सर्जनात्मक उपलब्धि है। टी.एस. इलियट की भाँति अज्ञेय मानते रहे हैं कि व्यक्ति की मौलिक सर्जनात्मक प्रतिभा अपने से पहले के अनगिनत रचनाकारों के साथ सर्जनात्मक–बौद्धिक एवं अनुभूतिपरक ही नहीं अभिव्यक्तिपरक भी–संबंध की श्रृंखला में जुड़ी होती है। अपने पूर्ववती रचनाकारों की स्मृति उसकी रचनात्मक मानसिकता का अभिन्न अंग होती है। इलियट कहते हैं कि पश्चिमी लेखक के स्वर में होमर की अवेचतन स्मृति मौजूद रहती है। अज्ञेय इसे ऐतिहासिक चेतना कहते हैं– *"इस जागरूकता का मुख्य उपकरण है एक ऐतिहासिक चेतना अर्थात् जो कालक्रम में बीत गया है उसके बीतेपन की ही नहीं उसकी वर्तमानता की भी तीखी और चिर जाग्रत अनुभूति। आधुनिक हिंदी लेखक में यदि यह*

ऐतिहासिक चेतना होगी, तो उसकी रचना में न केवल अपने युग, अपनी पीढ़ी से उसका संबंध बोल रहा होगा, बल्कि उससे पहले की अनगिनत पीढ़ियों की, और उनके साथ अपनी पीढ़ी की संलग्नता और एकसूत्रता की भी तीव्र अनुभूति स्पन्दित हो रही होगी। जो है उसकी साधना में ऐसा साहित्यकार उसे एक ओर हटाकर नहीं फेंक सकेगा, जो था, वह अनुभव करेगा कि अतीत उसी का नाम है जो पहले से वर्तमान है, जबकि "आज" वह है जो वर्तमान होना आरंभ हुआ है। अतीत और वर्तमान के इस दोहरे अस्तित्व की, उनकी पृथक वर्तमानता और एकसूत्रता की, निरंतर अनुभूति ही ऐतिहासिक चेतना है; और इस चेतना का अनवरत स्पन्दशील विकास ही परम्परा का ज्ञान।" (त्रिशंकु)

चेतना का यह स्पन्दनशील विकास ही है जो "रामचरित मानस" का आरंभ करते हुए तुलसीदास से कहलवाता है :

व्यास आदि कवि पुगंव नाना। जिन्ह सादर हरि सुजस बखाना॥
चरन कमल बंदउँ तिन्ह केरे। पुरवहुँ सकल मनोरथ मेरे॥
कलि के कबिन्ह करउँ परनामा। जिन्हें बरने रघुपति गुन गामा॥
जे प्राकृत कवि परम सयाने। भाषा जिन्ह हरि चरित बखाने॥

यही काल की निरंतरता में अपने होने और काल प्रवाह से अपने का जोड़ने की प्रक्रिया है जो गोस्वामी जी में सहजता से प्रकट हुई है बिना किसी सैद्धान्तिक विश्लेषण के।

प्रियवंद का शिशु भाव से, शिष्यभाव से वीणा को नमन-आराधन वस्तुतः परम्परा का ही आराधन है। स्वयं अपनी स्मृति को जगाना है उस समस्त बोध को जगाना है जो श्रुति में यानी साहित्य-संस्कृति-कला परंपरा में हमें मिला है। परंपरा से जीवंत संवाद करने की यानी शव-साधना की आकांक्षा है :

तेरे दोलन की लोरी पर झूमूँ मैं तन्मय-
गा तू :
तेरी लय पर मेरी साँसें
भरें, पुरें, रीतें, विश्रान्ति पाएँ।

चेतना को जगाना है अपने पहले की अनगिनत पीढ़ियों की, और उनक साथ अपनी पीढ़ी की संलग्नता की अनुभूति का स्पन्दन है :

किन्तु मैं ही तो
तेरी गोदी में बैठा मोद भरा बालक हूँ
ओर तरु-तात सँभाल मुझे

II

कविता का अगला भाग इस स्मृति के जागरण की सघन बिम्बों के माध्यम से

अभिव्यक्ति है। यहाँ साधक प्रियवंद वीणा की बीती स्मृतियों के संसार से जीवंत संवाद कर उठता है। उस वन खंड के चर-अचर प्राणि जीवन के विविध रूपों-ऋतु चक्र से होने वाले आलोड़न-उद्वेलन परिवर्तन के सूक्ष्म-विराट, कोमल-कठोर, सुकुमार-भयंकर निकट-सुदूर के अनेक दृश्यों-स्वरों अनुगूँजों की अनुभूतियाँ नितांत निजीपन और ठेठ देशीपन की गंध के साथ पाठक के मन में साकार हो उठती हैं—

बदली-कौंध—पत्तियों पर वर्षा बूँदों की पट-पट
घनी रात में महुए का चुप-चाप टपकना
चौंके खग शावक की चिहुँक।

झिल्ली-दादुर, कोकिल-चातक की झंकार पुकारों की यति में
संसृति की साँय-साँय।

लेकिन विराट किरीट तरु के इन विविध बनैले सहचरों का राग अकेले वन का ही राग नहीं है। प्रकृति और मनुष्य का साहचर्य इसमें मौजूद है। प्रकृति की पूरी परिस्थितिकी (ecology) है जिसमें मनुष्य सबसे ऊपर नहीं वन और वन्य जीवों के बीच है सह-अस्तित्व के रूप में :

कुहरे में छन कर आती
पर्वती गाँव के उत्सव ढोलक की थाप
गड़रियों की अनमनी बाँसुरी।
कठफोड़े का ठेका। फुल सुघनी की आतुर फुरकन।

स्मृति का संसार इस तरह खुलता है मानो कोई फिल्म को फ्लैश बैक में दिखा रहा हो। वर्षा, झंझावात, पाला, हिमपात, रात्रि, प्रभात, दोपहरी, संध्या में प्रकृति की अनेक सुदूर-निकट से जानी-पहचानी छबियों की लड़ी लग जाती है। वन्य जीवन की विविध गतिविधियों के बीच मनुष्य की मौजूदगी भी एक आहट की तरह महसूस होती है—

हाँ मुझे स्मरण है :
हरी तलहटी में, छोटे पेड़ों की ओट ताल पर
बँधे समय वन पशुओं की नानाविध
आतुर तृप्त पुकारें
गर्जन, घुर्घर, चीख, मूक, हुक्का, चिचियाहट!
कमल-कुमुद-पत्रों पर चोर पैर द्रुत धावित
जल पंछी की चाप।
थाप दादुर की चकित छलाँगों की
पंथी के घोड़े की टाप अधीर।
अचंचल धीर थाप भैंसों के भारी खुर की।

ऐसा लगता है कि एक शॉट में पैनोरामिक व्यू लेते हुए कैमरा अर्द्धचंद्राकार ढंग से घुमा दिया गया है। पहाड़ी की हरी-भरी सघन वनस्थली है जिसकी तलहटी के निचले हिस्से में तालाब पर विभिन्न वनचरों के झुंड पानी पीने आते हैं। सबके आने का अपना बँधा समय है। उनकी भाँति-भाँति की आवाजें– 'गर्जन, घुर्घर, चीख, मूक हुक्का, चिचियाहट'– उनके झुंड के आने की सूचना वनस्थली में दर्ज कराती हैं। तभी जल पक्षियों के कमल के फूलों और पत्तों पर से सरसराते हुए जल्दी से उड़ जाने की आवाजें आती हैं तो दूसरी तरफ मेंढ़क के छपाक से कूदने की, तीसरी तरफ किसी राहगीर के तेज दौड़ते घोड़े की टाप सुनाई देती है तो चौथी ओर धीरे-धीरे चले आते जंगली भैंसों के भारी खुरों की थाप।

तुरंत ही नई रील खुलती है स्मृति पटल पर दृश्य बदलता है : वसंत का सवेरा होता है– क्षितिज पर उगते सूरज की पहली किरण से सूखती ओस की बूँदे दिन चढ़ने के साथ खिलते अनगिनत फूलों पर

मोमाखियाँ असंख्य झूमती करती हैं गुंजार
उस लंबे बिलमे क्षण का तंद्रालस ठहराव।

वसंत की अलस दोपहरी की हवा–जिसमें भौंरा, तितली, मधुमक्खी, ततैया की गुन-गुन, भुन-भुन, झुन-झुन कानों में लगातार गूँजती रहती है–का स्मरण थोड़ी देर के लिए पाठक के मन को स्पंदित कर उठता है; तभी संध्या का दृश्य उभरता है आसमान में टिमटिमाते असंख्य तारे मानो असंख्य माताएँ डबडबाती आँखों से आशिर्वचन प्रकट कर रही हों।

स्मरण के माध्यम से प्रकृति के विविध रूपों का–विभिन्न समयों में बदलावों का–यह साक्षात्कार परंपरा के विस्तार और वैविध्य से साक्षात्कार का प्रतीक है जिससे द्रवित, चकित, उद्वेलित हो व्यक्ति उसके भीतर अपनी राह, अपनी दिशा टटोलता-तलाशता है और अपनी सृजनशीलता को टोहता है–

और चित्र प्रत्येक
स्तब्ध, विजड़ित करता मुझको।
सुनता हूँ मैं
पर हर स्वर-कम्पन लेता मुझ को मुझ से सोख-
वायु सा नाद-भरा मैं उड़ जाता हूँ।...
मुझे स्मरण है-
पर मुझ को मैं भूल गया हूँ
सुनता हूँ मैं-
पर मैं मुझ से परे, शब्द में लीयमान

तन्मयता की, एकाग्रता की, अहं के पूर्णतया विलगन की, प्रकृति से तदाकार हो जाने की जापानी ज़ेन बौद्ध दर्शन की शब्दावली में कहें तो "सतोरी" की अवस्था

की काव्यात्मक अभिव्यक्ति है यह—प्रकृति से मनुष्य के तादात्म्य की अनुभूति का क्षण-यानी ज्ञान बोध का क्षण विशेष है यही साधक की उपलब्धि होता है। यहाँ प्रकृति और मनुष्य अलग नहीं रहे दोनों के बीच ऐक्य की अनुभूति में—"मुझ को मैं भूल गया हूँ" "मैं नहीं, नहीं! मैं कही नहीं" में—मम और ममेतर का भेद मिट गया है, रचनाकार परंपरा का अंग बन गया है—

ओ रे तरु! ओ वन!
ओ स्वर-संभार!
नाद-मय संसृति!
ओ रस प्लावन!
मुझे क्षमा कर—भूल अकिंचनता को मेरी—
मुझे ओट दे—ढँक ले—छा ले—
ओ शरण्य!
मेरे गूंगेपन को तेरे सोये स्वर-सागर का ज्वार डुबा ले!
आ मुझे भुला,
तू उतर बीन के तारों में
अपने से गा अपने को गा—
अपने खग कुल को मुखरित कर
X X X
अपनी प्रज्ञा को वाणी दे

इन पंक्तियों को हम परंपरा से संवाद का जीवंत रूप कह सकते हैं; इसे सृजन का संघर्ष भी कह सकते हैं, अपने को विलीन करके सृजन का सत्य अर्जित करने की प्रक्रिया भी कह सकते हैं।

III

आगे की कविता सृजन संघर्ष की चरम सिद्धि है जो प्रकृति से, परंपरा से तादात्म्य के पश्चात स्वर साधना की सिद्धि कही जा सकती है, साथ ही, रचना से संवाद की अवस्था—आस्वाद की अवस्था भी—

समाधिस्थ संगीतकार का हाथ उठता था
काँपी थीं उँगलियाँ।
अलग अँगड़ाई ले कर मानो जाग उठी थी वीणा।
किलक उठे थे स्वर शिशु।
X X X
सहसा वीणा झनझना उठी
अवतरित हुआ संगीत

स्वयंभू
जिसमें सोता है अखंड
ब्रह्मा का मौन
अशेष प्रभामय।

वीणा सध गई, उसके तारों से सुमधुर दिव्य संगीत फूटने लगा जिसने सभी लोगों को अपनी मधुर की झनकार से सम्मोहित कर लिया।

डूब गए सब एक साथ
सब अलग-अलग एकाकी पार तिरे।

साहित्य-कला संगीत के आस्वाद के स्वरूप को बड़े ही सजीव और नाटकीय ढंग से प्रस्तुत करती हैं कविता की आगे की पंक्तियाँ। संगीत-नृत्य-नाटक आदि प्रस्तुतिपरक कलाओं (performing arts) को सभा/सभागार में उपस्थित लोग सामूहिक रूप से देखते-सुनते हैं। सब एक साथ उसका आनंद लेते सराहते हैं; किंतु सामूहिकता के बावजूद हर व्यक्ति अपने-अपने बोध, अपनी-अपनी समझ, अपनी-अपनी शिक्षा-दीक्षा, मानसिकता और स्वभाव के अनुरूप उसका आस्वाद प्राप्त करता है; हरएक का मन उसे अपने-अपने ढंग से ग्रहण करता है। "सब अलग-अलग एकाकी पार तिरे" का यही अर्थ है। राजा ने अलग सुना मानो कि जय की देवी उनसे प्रसन्न होकर स्वयं मंगल गीत गा रही है, कहीं दूर से उनके यश-कीर्ति की दुंदभी बज रही है। किंतु सहसा उन्हें लगा विजय की महत्वाकांक्षा, ईर्ष्या, द्वेष, चाटुकारिता सब उनके राजमुकुट से जुड़े हैं और राजा होने का अधिकार-सुख कितना सारहीन है। कंचन तो धर्म भाव-कर्त्तव्य भाव है जिस पर अपना जीवन न्यौछावर कर देंगे। रानी को लगा कि

मणि-माणिक, कंठहार, पट-वस्त्र
मेखला किंकिण-
सब अंधकार के कण हैं ये! अलोक एक है
प्यार अनन्य।...
X X X
रानी उस एक प्यार को साधेगी।

सभा में मौजूद सभी जनों ने अपनी-अपनी भावना के अनुरूप सुना-महसूस किया सब ने अलग-अलग संगीत सुना। भिन्न-भिन्न मनःस्थितियों वाले श्रोताओं की अनुभूति को आगे दी गई पंक्तियों में बहुत ही संश्लिष्ट बिम्बों द्वारा प्रस्तुत किया गया है—

इसको
वह कृपा-वाक्य प्रभुओं का।
उसको
आतंक मुक्ति का आश्वासन!

इसको
वह भरी तिजारी में सोने की खनक।
उसे
बटुली में बहुत दिनों के बाद अन्न की सौंधी खुशबू।
किसी एक को नयी वधू की सहमी सी पायल ध्वनि
किसी दूसरे को शिशु की किलकारी।
किसी एक को जाल फँसी मछली की तड़पन
एक अपर को चहक मुक्त नभ में उड़ती चिड़िया की।
एक तीसरे को मंडी की ठेलमठेल,
गाहकों की आस्पर्धा भरी बोलियाँ
चौथे को मंदिर की ताल युक्त घंटा ध्वनि।
और पाँचवें को लोहे पर सधे हथौड़े की समचोटें
और छठे को लंगर पर कसमसा रही नौका पर लहरों की अविराम थपक
बँटिया पर चमरौधे की रुँधी चाप सातवें के लिए—
और आठवें को कुलिया की कटी मेड़ से बहते जल की छुल-छुल।
इसे गमक नट्टिन की एड़ी के घुँघरू की।
उसे युद्ध का ढोल।
इसे संझा गोधूलि की टुन-टुन
उसे प्रलय का डमरू-नाद।
इस को जीवन की पहली अंगड़ाई
पर उस को महाजुम्भ विकराल काल!
सब डूबे, तिरे, झिपे, जागे—
हो रहे वंशवद, स्तब्ध
इयत्ता सब की अलग-अलग जागी।

अलग-अलग लोगों के द्वारा गृहीत अलग-अलग अर्थ की विविधता को विलोम के युग्मों के रूप में प्रस्तुत करते हुए यहाँ संगीत-प्रस्तुति/रचना से गृहीता का तदात्म्य तो प्रस्तुत किया ही गया है। इस चिरंतन सत्य को भी नए और चमत्कारपूर्ण ढंग से प्रस्तुत किया गया है कि साहित्य-संगीत-कला का अर्थ हर कोई अपनी-अपनी क्षमता के अनुरूप ग्रहण करता है। कला हमारे चित्त का संस्कार-परिष्कार करती है किंतु उसके द्वारा प्रदत्त भावोन्नयन व्यक्ति की अपनी मानसिकता के अनुरूप होता है। गोस्वामी जी की शब्दावली में कहें तो—

जाकी रही भावना जैसी। प्रभु मूरत देखी जिन तैसी

आधुनिक सैद्धान्तिकी की भाषा में कहना चाहें तो इसे पाठ की बहुलार्थकता कहेंगे। रोला बार्थ उसी पाठ को श्रेष्ठ मानते हैं जो अपने को पाठक पर आरोपित

न करे बल्कि पाठक को अपने ढंग से अर्थ तलाशने की संभावना प्रदान करे।

आखिर में जब वीणा की झंकार थमती है तो सब तरफ से "साधु-साधु" "हे स्वरजित धन्य! धन्य!" का स्वर सुनाई देता है। किंतु संगीतकार पूरी तरह दम्भरहित हो कर कहता है चीनी कथा के राजकुमार पेइवोह की तरह (जो कहता है मैं ने अपने को वीणा की धुन पर छोड़ दिया)–

श्रेय नहीं कुछ मेरा
मैं तो डूब गया था स्वयं शून्य में–
वीणा के माध्यम से अपने को मैंने
सब कुछ को सौंप दिया था–
सुना आपने जो वह मेरा नहीं
न वीणा का थाः
वह तो सब कुछ की तथता थी
महाशून्य
वह महामौन
अविभाज्य, अनाप्त, अद्रवित, अप्रमेय
जो शब्दहीन सब में गाता है।

प्रियवंद का यह विगत अभिमान कथन एक ओर तो उस भारतीय परम्परा का विस्तार है जिसमें हनुमान कहते हैं–

नाघि सिंधु हाटकपुर जारा। निसिचर गन बधि विपिन उजारा।
सो सब तव प्रताप रघुराई। नाथ न कछू मोर प्रभुताई ॥

दूसरी ओर यह बौद्ध धर्म के शून्यवाद का महामौन, महाशून्य है–सर्वत्र, सबके भीतर मौजूद परम सत्ता की अनुभूति है। इस तरह 'असाध्य वीणा' की चीनी-जापानी कथा भारतीय जीवन, परिवेश, परंपरा, संस्कृति और इतिहास में इतना ज्यादा अंतः प्रवेश कर जाती है कि हिंदी की अपनी हो जाती है। ऊपर से देखने में कथा-तंतु बिल्कुल बिखरे हुए और सूक्ष्म प्रतीत होते हैं किन्तु प्रभाव की दृष्टि सेऐसा नहीं है। कथा में घटनाक्रम के आरंभ, मध्य और अंत की एक सुस्पष्ट योजना रखी गई है जो अपने प्रभाव में सघन और भव्य तो है ही नाटकीय कौतूहल और आकस्मिक परिवर्तन की स्थितियों से पूर्ण है। इस कविता की रचना करते हुए संभवतया अज्ञेय के मन में जापानी ज़ेन साधना पद्धति और नोह नाटक भी रहे हैं। ज़ेन में निहित अभिव्यक्ति की मितव्ययता अथवा मितकथन, लघु अथवा सामान्य के माध्यम से व्यापक, विराट एवं सघन की अभिव्यक्ति इस कविता की विशेषता है। साथ ही यहाँ जापानी नोह नाटक की भाँति वर्तमान और अतीत के मिलन-बिंदु को कार्य व्यापार का केंद्र बनाया गया है। नोह नाटक अतीत और वर्तमान के संधि स्थल पर घटित होता है, तथा अतीत और वर्तमान की निरंतरता के रूप में प्रस्तुत किया जाता है।

प्रधान पात्र की समस्या अथवा क्लेश के बीज अतीत जीवन की स्थितियों अथवा कृत्यों में विद्यमान होते हैं जिनका समाधान किसी देशाटन करते हुए बौद्ध भिक्षु के द्वारा किया जाता है। संपूर्ण चराचर प्रकृति पात्र से संवेदनात्मक सहयोग करते हुए उस भिक्षु से समस्या के निदान का निवेदन करती है। बौद्ध भिक्षु अपनी साधना शक्ति एवं करुणा से नायक की समस्याओं का निदान करते हैं। इस प्रक्रिया में प्रधान पात्र अपने अतीत जीवन की पुनर्यात्रा करता है, विशेष रूप से जीवन के उस अंश को पुनः जीता है जो उसके क्लेश अथवा समस्या का कारण है।

"असाध्य वीणा" कविता के आरंभ में ही हमें पता चलता है कि "अति प्राचीन किरीट तरु" के काष्ठ से वीणा रचने की हठ साधना में वज्रकीर्ति ने अपना सारा जीवन लगा दिया था। वीणा पूरी तरह होते होते उनकी जीवन लीला भी पूरी हो गई थी। वीणा से स्वर साधना, संगीत रचना शेष था जो केश कम्बली गुफा गेहवासी साधक प्रियंवद द्वारा पूरा होता है। किरीट तरु को उद्‌बोधित करते हुए अतीत की स्मृतियों के संसार को जगा कर बीते जीवन की यह जीवनोत्तर मौजूदगी वस्तुतः काल-प्रवाह में—काल की निरंतरता में व्यक्ति एवं प्रकृति की अवस्थिति की सूचक है जो वास्तव में एशियायी कालबोध है कालचक्र के रूप में—आवर्ती काल के रूप में।

नोह नाटक में यात्रा पर निकले बौद्ध श्रमण की उपस्थिति द्वारा समाधान की रीति को इस कविता में साधक तपस्वी, गुफावासी प्रियवंद के आगमन और असाध्य वीणा को साधने के पश्चात तुरंत प्रस्थान के माध्यम से प्रस्तुत किया गया है। कहने का मतलब यह नहीं कि असाध्य वीणा नोह नाटक को ध्यान में रख कर लिखी गई है। लेकिन नोह नाटय-विधान के पीछे निहित जीवन बोध इसे रचते समय लेखक के ध्यान में रहा है और उसी के अनुरूप राजा की सभा में उपस्थित-विविध मानसिकताओं वाले श्रोताओं की परिकल्पना की गई है जो वीणा से प्रस्तुत संगीत का आस्वाद अपने-अपने सांस्कृतिक संस्कार और मनःस्थिति के अनुरूप ग्रहण करते हैं।

परिशिष्ट

परिशिष्ट (क)

आत्मस्वीकृति

अरी ओ करुणा प्रभामय की भूमिका

प्रस्तुत संग्रह की अधिसंख्य कविताएँ इससे पूर्व अप्रकाशित हैं। इसका कारण यह भी रहा है कि जिस काल-खण्ड की ये कविताएँ हैं उसमें मैं अधिकतर प्रवासी रहा, और यह भी कि प्रकाशन के लिए उपयुक्त माध्यम की कमी रही। जो लिखकर फिर छपाया भी गया, उसके बारे में दीन अथवा याचक भाव दरसाना लेखक को पाखण्ड विनय ही जान पड़ता है; पर उसका यह चाहना अनुचित नहीं है कि उसकी रचना वहाँ छपे जहाँ उसके छपने से उसे तृप्ति, सन्तोष या कृतार्थता का बोध हो। ऐसा 'वहाँ' हिन्दी में कहाँ है, इसका एक-आध उत्तर तो हो सकता है, पर कहाँ-कहाँ है इसकी गिनती करने चलने पर एक हाथ की उँगलियों से आगे बढ़ना कदाचित् कठिन होगा। यों पत्र-पत्रिकाएँ अनेक हैं, उनके प्रति लेखक कृतज्ञता का भी अनुभव करता है और अपने कर्तव्य का भी...

एक कविता (संख्या 20, 'ऋतुराज') पुरानी है—कोई पन्द्रह वर्ष पहले की।

इन कविताओं को किन-किन कोटियों में बाँटा जा सकता है, इसके बारे में कुछ कहकर समीक्षक की सहायता करना (या उसे चिढ़ाना) लेखक को अभीष्ट नहीं; पर कुछ कविताओं को अलग उल्लिखित करना आवश्यक है। क्रम-सूची में संख्या 53-79, जो 'एक चीड़ का खाका' नामक खण्ड के अन्तर्गत हैं, जापानी कविताओं के अनुवाद हैं। मूल कवि के नाम कविता के अन्त में दिये गये हैं। जहाँ ये अनुवाद न होकर केवल छायानुवाद रह गये हैं, वहाँ कारण इस लेखक की मौलिकता नहीं है बल्कि उसकी असमर्थता ही; जापानी भाषा न जानने से वह मूल रोमन में पढ़कर भी उसे समझने से वंचित रहा और अंग्रेजी अनुवादों, या जापानी बन्धुओं द्वारा की गयी व्याख्याओं पर ही निर्भर रहा। कहीं-कहीं, जहाँ मूल से अपनी दूरी को लेखक स्वयं स्पष्ट देख सकता था, वहाँ उसने जापानी कवि का नामोल्लेख अपने अधिकार से बाहर मानकर केवल जापानी काव्य का ऋण स्वीकार कर लिया है। (संख्या 53, 55, 64, 75)।

जापान और साधारणतया पूर्वेशिया का ऋण इतना ही नहीं है। जापान के 'ज़ेन'

बौद्ध सम्प्रदाय की विचार और साधना-पद्धतियों का और तत्सम्बन्धी साहित्य और वृत्त का भी, लेखक आभारी है। प्रत्येक साधना दृष्टि देती है : कला के सन्दर्भ में किसी भी 'देखने' में कुछ 'न देखना' भी सन्निहित होता है क्योंकि कला दृष्टि अनिवार्यतया वृत्तिधर्मा (सेलेक्टिव) है। कलादृष्टि की सम्पूर्णता अनेक की विवृत्तियों के जोड़ का नहीं, एक के सारभूत तादृशत्व का नाम है। चीन और जापान की चित्रकला और जापान की काव्य-कला से, पश्चिम के कई कवियों ने नयी दृष्टि पायी। हम भारतवासी, जो केवल 'पूर्व' होने के नाते 'दूर-पूर्व' और 'पश्चिम' के बीच में आते हैं, इन देशों की कला से उतने ही दूर नहीं हैं जितने फ्रांस या जर्मनी के कवि थे। फिर भी हम उनसे नयी दृष्टि पा सकते हैं– उनकी परम्परा में भारत की जो देन रही, उसी के तद्देशीय रूप से भी। जापानी 'ज़ेन' भारतीय 'ध्यान' का ही रूप है, किन्तु ज़ेन का साहित्य भण्डार आज के भारतीय लेखक के लिए भी कितना स्फूर्तिप्रद है! प्रस्तुत संग्रह में अनुवादों को छोड़कर अन्य अनेक कविताओं में भी पूर्व के (और पश्चिम के भी क्यों नहीं?) प्रभाव मिलेंगे; लेखक सभी का स्वीकारी है। इतने ही से वह अभारतीय या अहिन्दी हो गया है, ऐसा न वह मानता है न पूर्व और पश्चिम के प्रभाव देने वाले (यदि वे इस संग्रह को पढ़ सकते!) मानते। हिन्दी के प्राध्यापनरत आलोचक ऐसा कहते आये हैं और अब स्वयं लेखक की स्वीकारोक्ति का प्रमाण भी दे सकेंगें, इस सम्भावना से वह आशंकित नहीं है। बन्द घर में प्रकाश पूर्व या पश्चिम या किसी भी निश्चित दिशा से आता है– पर खुले आकाश में वह सभी ओर से समाया रहता है, इसी में उसका आकाशत्व है। उसी खुले आकाश को अपनी बाँहों में भर सके, यह लेखक का स्वप्न रहा है; घरों के मामले में तो वह यायावर ही है।

–'अज्ञेय'

परिशिष्ट (ख)

जापान में लिखी कविताएँ

बिकाऊ

खोयी आँखें लौटीं :
धरी मिट्टी का लोंदा
रचने लगा कुम्हार खिलौने।

मूर्ति पहली यह
कितनी सुन्दर! और दूसरी—
अरे रूपदर्शी! यह क्या है—
यह विरूप विद्रूप डरौना?

"मूर्तियाँ ही हैं दोनों,
दोनों रूप : जगह दोनों की बनी हुई है।
मेले में दोनों जावेंगी।
यह भी बिकाऊ है,
वह भी बिकाऊ है।
"टिकाऊ—हाँ, टिकाऊ
यह नहीं है
वह भी नहीं है,
मगर टिकाऊ तो
मैं भी नहीं हूँ—
तुम भी नहीं हो।"

रुका वह एक क्षण
आँखें फिर खोयीं, फिर लौटीं,

फिर बोला वह :
"होती बड़े दुःख की कहानी यह
अन्त में अगर मैं
यह भी न कह सकता, कि
टिकाऊ तो
जिस पैसे पर यह-वह दोनों बिकाऊ हैं
(और हम-तुम भी क्या नहीं हैं?)
वह भी नहीं है :
बल्कि वही तो
असली बिकाऊ है।"

तोक्यो, जापान, 24 अप्रैल, 1957

हे अमिताभ

हे अमिताभ!
नभ पूरित आलोक
सुख से, सुरुचि से, रूप से, भरे ओक :
हे अवलोकित
हे हिरण्यनाभ!

क्योतो, जापान, 6 सितम्बर, 1957

धरा-व्योम

अंकुरित धरा से क्षमा
व्योम से झरी रुपहली करुणा।

सरि, सागर, सोते-निर्झर-सा
उमड़े जीवन :
कहीं नहीं है मरना।

नारा, जापान, 6 सितम्बर, 1957

नदी तट : एक चित्र

नदी की बाँक
गोरी चमक बालू की
विदा की आर्द्र लालिम
मेघ की रेखा :

नीरव बलाका।

नारा, जापान, 6 सितम्बर, 1957

दीप पत्थर का

दीप पत्थर का
लजीली किरण की
पद-चाप नीरव :
अरी ओ करुणा प्रभामय!
कब? कब?

क्योतो, जापान, 9 सितम्बर, 1957

एक चित्र

मेघ में खोयी छाया :
पर्वत।
झुकी डाल से झरा
ओस-सा लघु स्वर :
पंछी।
मनःक्षितिज पर उदित
शान्त करुणा कल्याणी :
छवि।
नमित मुदित नीरव
कवि ।

नारा-क्योतो, 9 सितम्बर, 1957

अंगूर-बेल

उलझती बाँह-सी
दुबली लता अंगूर की।
क्षितिज धुँधला।

तीर-सी यह याद
कितनी दूर की।

क्योतो, 9 सितम्बर, 1957

क्या हमीं रहे

रूप रूप रूप
हम पिघले
विवश बहे।

तब उसने जो सब रिक्तों में भरा हुआ है
अपने भेद कहे

सत्य अनावृत के वे
जिस ने वार सहे,
क्या हमीं रहे

क्योतो, 10 सितम्बर, 1957

प्यार : अव्यक्त

रात-भर घेर-घेर
छाते आते रहे बादर,
मेरे सोते
बरसती रही बरसात,
झरते रहे पात

बनाते-से चादर-गलीचा,
प्रात तक नीचे दब
खो गया सोता।

यों चुक गयी जाने कब
अनकही सब बात।

क्योतो, 10 सितम्बर, 1957

सोन-मछली

हम निहारते रूप,
काँच के पीछे,
हाँप रही है मछली।

रूप-तृषा भी
(और काँच के पीछे)
है जिजीविषा।

क्योतो, 10 सितम्बर, 1957

खिड़की एकाएक खुली

खिड़की एकाएक खुली,
बुझ गया दीप झोंके से,
हो गया बन्द वह ग्रन्थ
जिसे हम रात-रात
घोखते रहे;

पर खुला क्षितिज, पौ फटी,
प्रात निकला सूरज, जो सारे
अन्धकार को सोख गया।

धरती प्रकाश-आप्लावित!

हम मुक्त-कण्ठ
मुक्त-हृदय
मुग्ध गा उठे
बिना मौन को भंग किये।

कौन हम?
उसी सूर्य के दूत
अनवरत धावित।

क्योतो, 11 सितम्बर, 1957

प्यार : व्यक्त

रात मोम-सी बेबस ढलती रही
आस बाती-सी जलती रही;
भोर में सपना :

दूर कितना भी सही
तू है अपना।

क्योतो, 12 सितम्बर, 1957

मैं देख रहा हूँ

मैं देख रहा हूँ
झरी फूल से पँखुरी
—मैं देख रहा हूँ अपने को ही झरते।

मैं चुप हूँ :
वह मेरे भीतर वसन्त गाता है।

तोक्यो, 15 सितम्बर, 1957

साधना का सत्य

यह जो दिया लिये तुम चले खोजने सत्य, बताओ
क्या प्रबन्ध कर चले
कि जिस बाती का तुम्हें भरोसा
वही जलेगी सदा
अकम्पित, उज्ज्वल एकरूप, निर्धूम?

तोक्यो, 15 सितम्बर, 1957

वह क्या लक्ष्य

वह क्या लक्ष्य
जिसे पाकर फिर प्यास रह गयी शेष
बताने की, क्या पाया?

वह कैसा पथ-दर्शक
जो सारा पथ देख
स्वयं फिर आया
और साथ में—आत्म-तोष से भरा—
मान-चित्र लाया!

और वह कैसा राही
कहे कि हाँ, ठहरो, चलता हूँ
इस दोपहरी में भी, पर इतना बतला दो,
कितना पैंडा मार
मिलेगी पहली छाया?

तोक्यो, 15 सितम्बर, 1957

'द्वारहीन द्वार'

द्वार के आगे

और द्वार :
यह नहीं कि कुछ अवश्य
है उन के पार—
किन्तु हर बार
मिलेगा आलोक,
झरेगी रस-धार।

तोक्यो, 15 सितम्बर, 1957

घाट-घाट का पानी

होने और न होने की सीमा-रेखा पर सदा बने रहने का
आसिधार-व्रत जिसने ठाना—सहज ठन गया जिस से—
वही जिया। पा गया अर्थ।

बार-बार जो जिये-मरे
यह नहीं कि वे सब
बार-बार तरवार-घाट पर
पीते रहे नये अर्थों का पानी।

अर्थ एक है : मिलता है तो एक बार : (गुड़-सा गूँगे को!)
और उसे दोहराना
दोहरे भ्रम में बह जाना है।

तोक्यो, 16 सितम्बर, 1957

आँखें-1

दूर से पास बुलातीं
पर समीप आतीं तो आँखें लातीं
कितनी-कितनी दूरियाँ।

जीवन के हर आमन्त्रण में भरी हुई हैं

उफ़! कितनी मजबूरियाँ।

तोक्यो, 17 सितम्बर, 1957

आँखें-2

जब पुकारती थीं तब उन में
कितनी हल्की दिखती थीं
अलसायी परछाइयाँ,
आयीं निकट : उन्हीं आँखों में
डूब गयी गहराइयाँ।

तोक्यो, 17 सितम्बर, 1957

घनी धुन्ध से छाया

घनी धुन्ध से छाया निकली
क्षण भर में फिर
घनी धुन्ध में गयी चली।

उस क्षण में मुझ को आलोक मिला,
रस मिला, चिरन्तन दृष्टि मिली।

तोक्यो, 17 सितम्बर, 1957

पूनो की साँझ

पति-सेवा रत साँझ
उचकता देख पराया चाँद
लला कर ओट हो गयी।

जापान, सितम्बर, 1957

रात में गाँव

झींगुरों की लोरियाँ
सुला गयी थीं गाँव को,
झोंपड़े हिंडोलों-सी झुला रही हैं
धीमे-धीमे
उजली कपासी धूम-डोरियाँ।

तोक्यो, (जापान) 18 सितम्बर, 1957

पहाड़ी यात्रा

मेरे घोड़े की टाप
चौखटा जड़ती जाती है
आगे के नदी-व्योम, घाटी-पर्वत के आस-पास :
मैं एक चित्र में
लिखा गया-सा आगे बढ़ता जाता हूँ।

जापान, सितम्बर 1957

सागर में ऊब-डूब

सागर में ऊब-डूब करती खाली बोतल
जाने किस के कब के (और कहाँ पर)
घड़ी-दो घड़ी सुख की साक्षी :

और यह सागर : जिसे नहीं है
देश-काल का ओर-छोर—
नहीं है रूपाकार।

तोक्यो, कामाकुरा, 22 सितम्बर, 1957

सम्राज्ञी का नैवेद्य-दान[1]

हे महाबुद्ध!
मैं मन्दिर में आयी हूँ
रीते हाथ :
फूल मैं ला न सकी।

औरों का संग्रह
तेरे योग्य न होता।

जो मुझे सुनाती
जीवन के विह्वल सुख-क्षण का गीत—
खोलती रूप-जगत् के द्वार जहाँ

तेरी करुणा
बुनती रहती है
भव के सपनों, क्षण के आनन्दों के
रहःसूत्र अविराम—
उस भोली मुग्धा को
कँपती
डाली से विलगा न सकी।

जो कली खिलेगी जहाँ, खिली,
जो फूल जहाँ है,
जो भी सुख
जिस भी डाली पर
हुआ पल्लवित, पुलकित,
मैं उसे वहीं पर
अक्षत, अनाघ्रात, अस्पृष्ट, अनाविल,
हे महाबुद्ध!
अर्पित करती हूँ तुझे।

---

1. जापान की सम्राज्ञी कोमियो प्राचीन राजधानी नारा के बुद्ध-मन्दिर में जाते समय असमंजस में पड़ गयी थी कि चढ़ाने को क्या ले जाये और फिर रीते हाथ गयी थी। यही घटना कविता का आधार है।

वहीं-वहीं प्रत्येक भरे प्याला जीवन का,
वहीं-वहीं नैवेद्य चढ़ा
अपने सुन्दर आनन्द-निमिष का,
तेरा हो,
हे विगतागत के, वर्तमान के, पद्मकोश!
हे महाबुद्ध!

तोक्यो, 25 सितम्बर, 1957

दाता और भिखारी

फूल खिलते रहे चुपचाप :
मंजरी आयी
दबे पाँव, सकुचाती।
किन्तु मधु-मक्खियाँ, भौंरे
तड़फड़ाते रहे, करते रोर;
मुँह चिढ़ाते रहे वन की शान्ति को
अविराम अनगिन झींकते झींगुर।

भिखारी सब
बजाते गाल, बगलें,
फाड़ते आकाश :
सकुचता, सहमता, चुपचाप
पथ से गुजरता दाता।

तोक्यो, जापान, 27 सितम्बर, 1957

एक हवा-सी बार-बार

जैसे अनाथ शिशु की अरथी को
ले जाते हैं लोग : उठाये गोद, मगर
तीखी पीड़ा के बोध बिना,
वैसे ही एक हवा-सी बार-बार

ढोती स्मृतियों का भार
थकी-सी
मुझ में होकर बह जाती है।

तोक्यो, 27 सितम्बर, 1957

चुप-चाप

चुप-चाप चुप-चाप
झरने का स्वर
हम में भर जाय,

चुप-चाप चुप-चाप
शरद की चाँदनी
झील की लहरों पर तिर आय,

चुप-चाप चुप-चाप
जीवन का रहस्य,
जो कहा न जाय, हमारी
ठहरी आँखों में गहराय,

चुप-चाप चुप-चाप
हम पुलकित विराट् में डूबें
पर विराट् हम में मिल जाय—

चुप-चाप चुप-चाऽऽप...

चुज़ेनजी, निक्को (जापान), शरदपूर्णिमा, 10 अक्टूबर, 1957

रातभर आते रहे सपने

रात भर आते रहे सपने :
एक भी अच्छा नहीं था।

किन्तु वास्तव जगत् में मुझ को अनेकों बार
सुख मिलता रहा है।

रात भी जब जगा
शय्या सुखद ही थी।

यही क्या तब मानना होगा
कि सपने बुरे हैं सो सत्य हैं
और सुख की वास्तविकता
झूठ है?

तोक्यो, 14 नवम्बर, 1957

रूप-केकी

रूप-केकी नाचते हैं,
सार-घन! बरसो।

बहुत विस्तृत, बहुत सूना
है गगन जिस को नहीं
उनकी पुकारें भर सकेंगी,

बहुत है गरिमा धरा की
नहीं उसके कर्ष-बल से आत्म-विभोर भी
उनकी उड़ान उबर सकेगी।

तुम्हीं अपनी दामिनी मायाविनी की
लेखनी अमरत्वदायिनी से
उन्हें परसो।
सार-घन! सरसो।

रूप-केकी नाचते हैं,
सार-घन! बरसो।

क्योतो–ओसाका (रेल में), 16 दिसम्बर, 1957

रात और दिन

रात बीतती है
घर के शान्त झुटपुटे कोने में—
सब माँगें पंछी-सी डैनों में सिर खोंस
जहाँ पर
अपने ही में खो जाती हैं,
तनी साँस भी
स्वस्ति-भाव से
आ जाती है सहज विलम्बित लय पर।

दिन खुलता है
बड़े शहर के शोर-भरे बीहड़ में बेकल दौड़ रहे
उखड़े लोगों की भीड़ों में—
मोड़-मोड़ पर जिन्हें इश्तहारों के रंग-बिरंगे कोड़े
चलता रखते हैं रंगीन सनसनी की तलाश में।

रात अकेले में
झीनी-सी छाया एक खड़ी रहती है सिरहाने,
कहती रहती है शब्द बिना :
"तुम मेरे हो,
मैं कहीं रहूँ, यह मेरा स्नेह कवच-सा तुम्हें ढके रहता है;
मैं कुछी करूँ, मेरे कामों में हम दोनों की प्रतिश्रुतियों का स्पन्दन है,
मैं कुछी कहूँ, मेरे अन्तस् में अगरु-धूम-सी
मंगल आशंसाएँ उठती रहती हैं अविराम
तुम सोओ, जागो, कर्म करो, हो विरत,
सर्वदा सब में मैं हूँ :
तुम मेरी अग्नि-शिखा हो—
यह देखो मेरी श्रद्धांजलि : यह एक साथ
है उसे बचाती और सौंपती—
और स्निग्ध उस की गरमाई से पुरती भी जाती है।

दिन के जन-संकुल में

भीड़पने की लहरों के अनवरत थपेड़े
निर्मम दुहराते जाते हैं :
"तुम अपने नहीं, पराये हो,
हम चाहे जितना गले मिलें,
चाहे जितना हम मुसकानों के बिछा पाँवड़े
बरसायें स्वागत-पंखुड़ियाँ,
तुम-तुम हो–
अजनबी एक, बेमेल, बिराने।
माला के एक फूल की पंखुड़ियों के भीतर
चिउँटा
फूल-सेज पर सोये पर वह फूल नहीं है,
गुँथा नहीं है माला में–
वैसे ही तुम, अजनबी, पराये हो!"
सुनते थे
रात और दिन मणियाँ हैं जीवन की माला की,
पर कौन जौहरी इतने अनमिल मनके
एक सूत्र में गूँथेगा?

ओसाका, 18 दिसम्बर, 1957

औद्योगिक बस्ती

पहाड़ियों से घिरी हुई इस छोटी-सी घाटी में
ये मुँहझौंसी चिमनियाँ बराबर
धुआँ उगलती जाती हैं।

भीतर जलते लाल धातु के साथ
कमकरों की दुःसाध्य विषमताएँ भी
तप्त उबलती जाती हैं।

बँधी लीक पर रेलें लादे माल
चिहुँकती और रँभाती अफराये डाँगर-सी
ठिलती चलती जाती हैं।

उद्यम की कड़ी-कड़ी में बँधते जाते मुक्तिकाम
मानव की आशाएँ ही पल-पल
उस को छलती जाती हैं।

ओसाका-हिरोशिमा (रेल में), 17 दिसम्बर, 1957

लौटे यात्री का वक्तव्य

सभी जगह
जो उपजाता है अन्न, पालता सब को,
उसकी झुकी कमर है।

सभी जगह
जो शास्ता है, जो बागडोर थामे है, उस की दीठ मन्द है—
आँखों पर है चढ़ा हुआ मोटा चश्मा जो
प्रायः धूमिल भी होता है।

सभी जगह
जिस की मुट्ठी में ताक़त है
उस का भेजा है एक ओर भेड़िये,
दूसरी पर मर्कट का।

सभी जगह
जो रंग-बिरंगी जाज़म पर फैलाकर सपनों की मनियारी
घात लगाते हैं गाहक की,
दिल मुर्गी का रखते हैं।

सभी जगह
जो मूल्यवान है सकुचा रहता है; अदृश्य, सीपी के मोती-सा,
जो मिलता नहीं बिना सागर में डूबे :
सभी जगह
जो छिछला है, ओछा है,
नकली कीमखाब पर सजा हुआ बैठा है लकदक,
चौंधाता आँखों को, जब तक ठोकर लगे, पैर रपटे

या जेब कटे, नीयत बिगड़े, हो मतिभ्रंश, दिल डँसा जाय!

सभी जगह
है प्रश्न एक :
क्या दोगे? कितना दे सकते हो?

यही पूछते हैं जो फिर भेदक आँखों से
लेते हैं टटोल अंटी में क्या है :
यही दूसरे पूछ, नाप लेते हैं कितना
लहू देह में बाकी होगा :
यही तीसरे, आँक रहे जो
मांस-पेशियों में कितना है श्रम-बल—
(बिना छुए या टोडे जैसे चूज़े को गाहक टोता है।)

यही और, जो तिनकों को सिखलाते
बँधी हुई गड्डी की ताकत, किन्तु बाँधने वाला तार
सदा अपनी मुट्ठी में रखते हैं :
यही और, जिन की लोलुपता
देने का आमन्त्रण सब को देती है,
क्यों कि सिवा इस देने के बस उन को लेना ही लेना है।

और यही वे भी, जिन की जिज्ञासा—
कभी नहीं होती रूपायित, मुखरित
जो अनासक्त हैं, जिन्हें स्वयं कुछ नहीं किसी से लेना है :
क्या दोगे? कितना दोगे—दे सकते हो—
मुझे नहीं, जग भर को, जीवन-भर को,
प्यार?

हिरोशिमा, 18 दिसम्बर, 1957

सान्ध्य तारा

साँझ! बुझता क्षितिज।

मन की टूट-टूट पछाड़ खाती लहर।
काली उमड़ती परछाइयाँ।

तब एक
तारा भर गया आकाश की गहराइयाँ।

जापान, 21 दिसम्बर, 1957

सागर पर भोर

बहुत बड़ा है यह सागर का सूना
बहुत बड़ा यह ऊपर छाया औंधा खोखल।
असमंजस के एक और दिन पर, ओ सूरज,
क्यों, क्यों, क्यों यह तुम उग आये?

अतामी (जापान), 21 दिसम्बर, 1957

मैंने कहा पेड़...

मैंने कहा, "पेड़, तुम इतने बड़े हो,
इतने कड़े हो,
न जाने कितने सौ बरसों के आँधी-पानी में
सिर ऊँचा किये अपनी जगह अड़े हो।
सूरज उगता-डूबता है, चाँद भरता-छीजता है
ऋतुएँ बदलती हैं, मेध उमड़ता-पसीजता है;
और तुम सब सहते हुए
सन्तुलित शान्त धीर रहते हुए
विनम्र हरियाली से ढके, पर भीतर ठोठ कठैठे खड़े हो।"
काँपा पेड़ मर्मरित पत्तियाँ
बोलीं मानो, "नहीं, नहीं, नहीं, झूठा
श्रेय मुझे मत दो!
मैं तो बार-बार झुकता, गिरता, उखड़ता
या कि सूख ठूँठ हो के टूट जाता,

श्रेय है तो मेरे पैरों-तले इस मिट्टी को
जिस में न जाने कहाँ मेरी जड़ें खोयी हैं :
ऊपर उठा हूँ उतना ही आकाश में
जितना कि मेरी जड़ें नीचे दूर धरती में समायी हैं।

श्रेय कुछ मेरा नहीं, जो है इस नामहीन मिट्टी का।
और, हाँ, इन सब उगने-डूबने, भरने-छीजने,
बदलने, मलने, पसीजने
बनने-मिटने वालों का भी :
शतियों से मैंने बस एक सीख पायी है :
जो मरण-धर्मा हैं वे ही जीवनदायी हैं।"

तोक्यो, जापान, 24 दिसम्बर, 1957

सागर पर साँझ

बहुत देर तक हम चुपचाप
देखा किये सागर को।
फिर कुछ धीरे-से बोला :
"हाँ, लिख लो मन में इस जाती हुई धूप को,
चीड़ों में सरसराती हुई इस हवा को,
लहरों की भोली खिलखिलाहट को :
लिख लो सब मन में—क्यों कि फिर
दिनों तक—(क्या बरसों तक?)—
इसी सागर पर तुम लिखा करोगे
दर्द की एक रेखा
बस एक रेखा
जो, हो सकता है, मूर्त स्मृति भी नहीं लायेगी—
केवल स्वयं आयेगी :
एक रेखा जिसे
न बदला जा सकता है न मिटाया जा सकता है
न स्वीकार द्वारा ही डुबा दिया जा सकता है
क्यों कि वह दर्द की रेखा है,

और दर्द
स्वीकार से भी मिटता नहीं है...'

लौट हम आये साँझ घिरते न घिरते।
पर फिर उस सागर-तट पर रात को
उगा तारा :
उसी पर छितरायी चन्द्रमा ने चाँदनी
उसी पर नभोवृत्त होता रहा और नीला, अपलक :
ये भी तो लहरों पर कुछ लिखते रहे?
हमने जो लिखा था
अगर वह दर्द है
तो ये क्या लिखते हैं :
न सही दर्द उन में,
न सही भावना—
फिर भी, निर्वेद भी,
कुछ तो वे लिखते हैं?

हाँ!
कि "दर्द है तो ठीक है :
(दर्द स्वीकार से भी मिटता नहीं है
स्वीकार से पाप मिटते हैं,
पर दर्द पाप नहीं है।)
दर्द कुछ मैला नहीं,
कुछ असुन्दर, अनिष्ट नहीं,
दर्द की अपनी एक दीप्ति है—
ग्लानि वह नहीं देता।
तुम ने यदि
दर्द ही लिखा है,
भद्दा कुछ नहीं लिखा, झूठ कुछ नहीं लिखा,
तो आश्वस्त रहो :
हम उसे गहरा ही करेंगे, सारमय बनायेंगे
उस में रंग भरेंगे, रूप अवतरेंगे,

उसे माँज-माँज कर नयी एक आभा देते रहेंगे :
काल भी उसे एक ओप ही देगा और।
जाओ, वह लिखा हुआ दर्द यहाँ छोड़ जाओ–
तुम्हें वह बार-बार नाना शुभ रूपों में फलेगा।"

शिमिज़ू सागर तट पर (जापान), 5 जनवरी, 1958

परिशिष्ट (ग)

हाइकू कविताओं के अनुवाद

'अरी ओ करुणा प्रभामय'

जापानी चित्र

मन्दिर दिखता नहीं, मूर्ति होगी भी, नहीं भरोसा।
किन्तु मेघ के पार गगन को चूम रहा है
रंजित तोरण।[1]

शिशिर-वसन्त

शिशिर की वर्षा :
चाँद मेघ की मुट्ठी में
छिपता नहीं।
बिजली उजली हिम-चादर पर
दिपती है।

पहले अधीर अहेरी
माँज रहे हैं तीर

---

1. जापानी मुक्तक 'हाइकू' से प्रभावित।

भोर के अँधेरे में।

सिहरा है समीर :
वह पीछे वसन्त आता है।[2]

अरी हवा, अब

झीना चाँद
डाल पर कोंपल :
अरी हवा, अब तू वसन्त को
साथ झुलाती कब लायेगी?[3]

सरसों फूली

गरवीली हरियाली ने
गिरि-शृंग छोड़
सब धरती छा ली।

उगता चाँद, डूबता सूरज,
बीच झील-सी
पीली सरसों फूली।

(बूसोन्)

अलूचे फूले

और कहीं भी क्या वसन्त आया है–

2. प्रथम छन्द टोकोकू पर आधारित; दूसरा जूगो, तीसरा यासुई, चौथा बाशो पर। जापानी 'रेंगा' (शृंखलित पद्य) की पद्धति पर।
3. 'हाइकू' से प्रभावित।

या कि अलूचे ही ये
हैं बौराये?

(रोटो)

वसन्त का सूर्यास्त

सरसों की समवेत दीप्ति के
सागर में सूरज इकला
डूब गया।

(टांटान्)

वसन्त की वर्षा

वर्षा में वसन्त की मैंने देखा :
छाता एक, एक बरसाती
साथ-साथ जाते, बतियाते।

(बूसोन्)

ताल

ताल पुराना
कूदा दादुर :
—गुडुप्।

(बाशो)

पुराना नगर

मौन पुराना नगर : साँझ :
घण्टा-ध्वनि की लहरों पर तिरती
सुमन-गन्ध।

(बाशो)

मछली

उजली मछली
मानो पानी का अन्तरंग ही
काँप गया हो।

(राइज़ान्)

विरहिणी

"दुबली? हाँ गर्मी जो थी—"
इतना कह पायी
पर फिर सकी न रोक रुलाई।

(किगिन्)

झिलमिल

झिलमिल के आर-पार
दो परछाइयाँ
बोली नहीं :

लेती रहीं बार-बार
बस अँगड़ाइयाँ, जमुहाइयाँ।[1]

फूल फिर

झर चुका फूल फिर
उड़ा डाल की ओर—अरे!
तितली।

(मोरिटाके)

---

1. हाइकू से प्रभावित।

झिल्ली रव

झिल्ली का अविरत उल्लास
देता है संकेत कहीं क्या उसे–
मृत्यु है कितनी पास?

(बाशो)

सूनी साँझ

लम्बी पीली धूप :
डरौने की पसरी परछाहीं
नाप रही सूनी पगडण्डी।

(शोहा)

डार

डार कूँजों की
बादल चीर गया :
यों साथी बिछुड़ चले।

(टो सेइ)

शरत्पूर्णिमा

चाँद चितेरा
आँक रहा है शारद नभ में
एक चीड़ का ख़ाका।

(रांसेत्सू)

क्वाँर का भोर

क्वाँर का भोर :
अनमनी कतार में खड़ी
डार सारसों की।

बड़ा करुण
अरुणोदय।[1]

जाड़ों का चाँद

जाड़ों का चाँद
पके बालों पर :
इस से भी क्या ठण्डा होगा पाला?

(जो सो)

तीन चित्र

सूखी डाली पर
काक एक एकाकी :
रात पतझर की।
इतना सन्नाटा—
झनकारें झिल्ली की
झारखण्ड में डूब गयीं।

रात : सागर अँधियारा।
पुकार जल-पंछी की
धुँधली उजली।

(बाशो)

1. प्रथम छन्द काकेइ, दूसरा छन्द बाशो द्वारा रचित।

बोझ

मेरी टोपी पर
बोझ बर्फ़ का हल्का है–
मेरा जो है।

(किकाकू)

प्यार

प्यार बिल्ले में जागा :
हाय अभागा–
आगे से ही रोना शुरू हुआ।

(याहा)

डरौने पर कौआ

खेत में एक डरौने पर
बैठा है डरा हुआ कौआ :
पूस की हवा कटखनी बहती है।[1]

गरम सोते का स्नान

ताते पानी के सोते में
नहाने का सुख :
जाते पानी को धोता है
आता पानी।

(रासेत्सू)

---

1. हाइकू से प्रभावित।

योनेन्[1] का विदा गीत

चाँदनी के गीत मैंने बहुत गाये :
और वह गाया नहीं जाता।
अब सुनो निर्वात रजनी में
अचंचल चीड़-वन में
गूँजता निःशब्द
सन्नाटा।

रांसेत्सु का मृत्यु-गीत[2]

एक झरा पत्ता :
फिर एक दूसरा और झरा।
फिर एक—हाय!

गीत-रोटी

एक हाथ से तोड़ रहा हूँ रोटी
गीत दूसरे से लिखता जाता हूँ।

गीत फाड़ फेंके :
रोटी रह गयी हाथ में।

(आत्सुओ ओकी)

---

1. योनेन् : उन्नीसवीं शती की एक रूपवती जापानी कवयित्री जिसने दीक्षा लेने के लिए स्वयं तपे लोहे से अपना चेहरा झुलसा लिया क्योंकि ज़ेन गुरु सुन्दरी को शिष्या नहीं स्वीकार करते थे। छियासठ वर्ष की आयु में मृत्यु निकट जानकर उसने एक छोटी कविता लिखी थी।
2. 'हाइकू' पद्धति के जापानी कवि मृत्यु से पहले एक अन्तिम हाइकू रचा करते थे, जो मृत्यु-गीत माना जाता था। रांसेत्सू के मृत्यु-गीत का भाव लिया गया है।

परिशिष्ट (घ)

जापान प्रेरित लेखन

हिरोशिमा

एक दिन सहसा
सूरज निकला
अरे, क्षितिज पर नहीं
नगर के चौक :
धूप बरसी
पर अन्तरिक्ष से नहीं
फटी मिट्टी से।

छायाएँ मानव-जन की
दिशाहीन
सब ओर पड़ीं—वह सूरज
नहीं उगा था पूरब में, वह
बरसा सहसा
बीचों-बीच नगर के :
काल-सूर्य के रथ के
पहियों के ज्यों अरे टूट कर
बिखर गये हों
दसों दिशा में।

कुछ क्षण का वह उदय-अस्त!
केवल एक प्रज्वलित क्षण की
दृश्य सोख लेने वाली दोपहरी :

फिर?
छायाएँ मानव-जन की
नहीं मिटीं लम्बी हो-हो कर :
मानव ही सब भाप हो गये।
छायाएँ तो अभी लिखी हैं
झुलसे हुए पत्थरों पर
उजड़ी सड़कों की गच पर।

मानव का रचा हुआ सूरज
मानव को भाप बना कर सोख गया।
पत्थर पर लिखी हुई यह
जली हुई छाया
मानव की साखी है।

दिल्ली-इलाहाबाद-कलकत्ता (रेल में)
10-12 जनवरी-1959

असाध्य वीणा

आ गये प्रियंवद! केशकम्बली! गुफा-गेह!
राजा ने आसन दिया। कहा :
"कृतकृत्य हुआ मैं तात! पधारे आप।
भरोसा है अब मुझ को
साध आज मेरे जीवन की पूरी होगी!"

लघु संकेत समझ राजा का
गण दौड़े! लाये आसाध्य वीणा,
साधक के आगे रख उस को, हट गये।
सभी की उत्सुक आँखें
एक बार वीणा को लख, टिक गयीं
प्रियंवद के चेहरे पर।

"यह वीणा उत्तराखण्ड के गिरि-प्रान्तर से
—घने वनों में जहाँ तपस्या करते हैं व्रतचारी—
बहुत समय पहले आयी थी।
पूरा तो इतिहास न जान सके हम :
किन्तु सुना है
वज्रकीर्ति ने मन्त्रपूत जिस
अति प्राचीन किरीट-तरु से इसे गढ़ा था—
उस के कानों में हिम-शिखर रहस्य कहा करते थे अपने,
कन्धों पर बादल सोते थे,
उस की करि-शुण्डों-सी डालें
हिम-वर्षा से पूरे वन-यूथों का कर लेती थीं परित्राण,
कोटर में भालू बसते थे,
केहरि उस के वक्कल के कन्धे खुजलाने आते थे।
और—सुना है—जड़ उस की जा पहुँची थी पाताल-लोक
उस की ग्रन्थ-प्रवण शीतलता से फण टिका नाग वासुकि सोता था।
उसी किरीटी-तरु से वज्रकीर्ति ने
सारा जीवन इसे गढ़ा :
हठ-साधना यही थी उस साधक की—
वीणा पूरी हुई, साथ साधना, साथ ही जीवन-लीला।'

राजा रुके साँस लम्बी ले कर फिर बोले :
"मेरे हार गये सब जाने-माने कलावन्त,
सब की विद्या हो गयी अकारथ, दर्प चूर,
कोई ज्ञानी गुणी आज तक इसे न साध सका।
अब यह असाध्य वीणा ही ख्यात हो गयी।
पर मेरा अब भी है विश्वास
कृच्छ्-तप वज्रकीर्ति का व्यर्थ नहीं था।
वीणा बोलेगी अवश्य, पर तभी
इसे जब सच्चा-स्वरसिद्ध गोद में लेगा।
तात! प्रियंवद! लो, यह सम्मुख रही तुम्हारे
वज्रकीर्ति की वीणा,
यह मैं, यह रानी, भरी सभा यह :
सब उदग्र, पर्युत्सुक,

जन-मात्र प्रतीक्षमाण!"

केशकम्बली गुफा-गेह ने खोला कम्बल।
धरती पर चुप-चाप बिछाया।
वीणा उस पर रख, पलक मूँद कर, प्राण खींच,
कर के प्रणाम,
अस्पर्श छुअन से छुए तार।
धीरे बोला : "राजन्! पर मैं तो
कलावन्त हूँ नहीं, शिष्य, साधक हूँ—
जीवन के अनकहे सत्य का साक्षी।
वज्रकीर्ति!
प्राचीन किरीटी-तरु!
अभिमन्त्रित वीणा!
ध्यान-मात्र इन का तो गद्गद विह्वल कर देने वाला है!"

चुप हो गया प्रियंवद।
सभा भी मौन हो रही।

वाद्य उठा साधक ने गोद रख लिया।
धीरे-धीरे झुक उस पर, तारों पर मस्तक टेक दिया।
सभा चकित थी—अरे, प्रियंवद क्या सोता है?
केशकम्बली अथवा हो कर पराभूत
झुक गया वाद्य पर?
वीणा सचमुच क्या है असाध्य?

पर उस स्पन्दित सन्नाटे में
मौन प्रियंवद साध रहा था वीणा—
नहीं, स्वयं अपने को शोध रहा था।
सघन निविड़ में वह अपने को
सौंप रहा था उसी किरीटी-तरु को।
कौन प्रियंवद है कि दम्भ कर
इस अभिमन्त्रित कारुवाद्य के सम्मुख आवे?
कौन बजावे

यह वीणा जो स्वयं एक जीवन भर की साधना रही?
भूल गया था केशकम्बली राज-सभा को :
कम्बल पर अभिमन्त्रित एक अकेलेपन में डूब गया था
जिस में साक्षी के आगे था
जीवित वही किरीटी-तरु
जिस की जड़ वासुकि के फण पर थी आधारित,
जिस के कन्धों पर बादल सोते थे
और कान में जिसके हिम गिरि कहते थे अपने रहस्य।
सम्बोधित कर उस तरु को, करता था
नीरव एकालाप प्रियंवद।

"ओ विशाल तरु!
शत-सहस्र पल्लवन-पतझरों ने जिसका नित रूप सँवारा,
कितनी बरसातों कितने खद्योतों ने आरती उतारी,
दिन भर भौंरे कर गये गुंजरित,
रातों में झिल्ली ने
अनकथ मंगल-गान सुनाये,
साँझ-सवेरे अनगिन
अनचीन्हे खग-कुल की मोद-भरी क्रीड़ा-काकलि
डाली-डाली को कँपा गयी—
ओ दीर्घकाय!
ओ पूरे झारखण्ड के अग्रज,
तात, सखा, गुरु, आश्रय,
त्राता महच्छाय,
ओ व्याकुल मुखरित वन-ध्वनियों के
वृन्दगान के मूर्त रूप,
मैं तुझे सुनूँ,
देखूँ, ध्याऊँ
अनिमेष, स्तब्ध, संयत, संयुत, निर्वाक् :
कहाँ साहस पाऊँ
छू सकूँ तुझे!
तेरी काया को छेद, बाँध कर रची गयी वीणा को
किस स्पर्धा से

हाथ करें आघात
छीनने को तारों से
एक चोट में वह संचित संगीत जिसे रचने में
स्वयं न जाने कितनों के स्पन्दित प्राण रच गयें!

"नहीं, नहीं! वीणा यह मेरी गोद रखी है, रहे,
किन्तु मैं ही तो
तेरी गोदी बैठा मोद-भरा बालक हूँ,
ओ तरु-तात! सँभाल मुझे,
मेरी हर किलक
पुलक में डूब जाय :
मैं सुनूँ,
गुनूँ,
विस्मय से भर आँकें,
तेरे अनुभव का एक-एक अन्तस्वर
तेरे दोलन की लोरी पर झूमूँ मैं तन्मय—
गा तू :
तेरी लय पर मेरी साँसें
भरें, पुरें, रीतें, विश्रान्ति पायें।

"गा तू!
यह वीणा रखी है : तेरा अंग-अपंग!
किन्तु अंगी, तू अक्षत, आत्म-भरित,
रस-विद्
तू गा :
मेरे अँधियारे अन्तस् में आलोक जगा
स्मृति का
श्रुति का—

"हाँ, मुझे स्मरण है :
बदली—कौंध—पत्तियों पर वर्षा-बूँदों की पट-पट।
घनी रात में महुए का चुप-चाप टपकना।
चौंके खग-शावक की चिहुँक।

शिलाओं को दुलारते वन-झरने के
द्रुत लहरीले जल का कल-निदान।
कुहरे में छन कर आती
पर्वती गाँव के उत्सव-ढोलक की थाप।
गड़रियों की अनमनी बाँसुरी।
कठफोड़े का ठेका। फुलसुँघनी की आतुर फुरकन :
ओस-बूँद की ढरकन—इतनी कोमल, तरल, कि झरते-झरते मानो
हरसिंगार का फूल बन गयी।
भरे शरद् के ताल, लहरियों की सरसर-ध्वनि।
कूँजों का क्रेंकार। काँद लम्बी टिट्टिभ की।
पंख-युक्त सायक-सी हंस-बलाका।
चीड़-वनों में गन्ध-अन्ध उन्मद पतंग की जहाँ-तहाँ टकराहट
जल-प्रपात का प्लुत एकस्वर।
झिल्ली-दादुर, कोकिल-चातक की झंकार पुकारों की यति में
संसृति की साँय-साँय।

"हाँ, मुझे स्मरण है :
दूर पहाड़ों से काले मेघों की बाढ़
हाथियों का मानो चिंघाड़ रहा हो यूथ।
घरघराहट चढ़ती बहिया की।
रेतीले कगार का गिरना छप्-छड़ाप।
झंझा की फुफकार, तप्त,
पेड़ों का अररा कर टूट-टूट कर गिरना।
ओले की कर्री चपत।
जमे पाले से तनी कटारी-सी सूखी घासों की टूटन।
ऐंठी मिट्टी का स्निग्ध घास में धीरे-धीरे रिसना।
हिम-तुषार के फाहे धरती के घावों को सहलाते चुप-चाप।
घाटियों में भरती
गिरती चट्टानों की गूँज—
काँपती मन्द्र गूँज—अनुगूँज—साँस खोयी-सी, धीरे-धीरे नीरव।

"मुझे स्मरण है :
हरी तलहटी में, छोटे पेड़ों की ओट ताल पर

बँधे समय वन-पशुओं की नानाविध आतुर-तृप्त पुकारें :
गर्जन, घुर्घुर, चीख, मूँक, हुक्का, चिचियाहट।
कमल-कुमुद-पत्रों पर चोर-पैर द्रुत धावित
जल-पंछी की चाप।
थाप दादुर की चकित छलाँगों की।
पन्थी के घोड़े की टाप अधीर।
अचंचल धीर थाप भैंसों के भारी खुर की।

"मुझे स्मरण है :
उझक क्षितिज से
किरण भोर की पहली
जब तकती है ओस-बूँद को
उस क्षण की सहसा चौंकी-सी सिहरन।
और दुपहरी में जब
घास-फूल अनदेखे खिल जाते हैं
मोमाखियाँ असंख्य झूमती करती हैं गुंजार—
उस लम्बे विलमे क्षण का तन्द्रालस ठहराव।
और साँझ को
जब तारों की तरल कँपकँपी
स्पर्शहीन झरती है—
मानो नभ में तरल नयन ठिठकी
निःसंख्य सवत्सा युवती माताओं के आशीर्वाद—
उस सन्धि-निमिष की पुलकन लीयमान।

"मुझे स्मरण है :
और चित्र प्रत्येक
स्तब्ध, विजड़ित करता है मुझ को।
सुनता हूँ मैं
पर हर स्वर-कम्पन लेता है मुझ को मुझ से सोख—
वायु-सा नाद-भरा मैं उड़ जाता हूँ...
मुझे स्मरण है—
पर मुझ को मैं भूल गया हूँ :
सुनता हूँ मैं—

पर मैं मुझ से परे, शब्द में लीयमान।

"मैं नहीं, नहीं! मैं कहीं नहीं!
ओ रे तरु! ओ वन!
ओ स्वर-संभार!
नाद-मय संसृति!
ओ रस-प्लावन!
मुझे क्षमा कर—भूल अकिंचनता को मेरी—
मुझे ओट दे—ढँक ले—छा ले—
ओ शरण्य!
मेरे गूँगेपन को तेरे सोये स्वर-सागर का ज्वार डुबा ले!
आ, मुझे भुला,
तू उतर बीन के तारों में
अपने से गा
अपने को गा—
अपने खग-कुल को मुखरित कर
अपनी छाया में पले मृगों की चौकड़ियों को ताल बाँध,
अपने छायातप, वृष्टि-पवन, पल्लव-कुसुमन की लय पर
अपने जीवन-संचय को कर छन्दयुक्त,
अपनी प्रज्ञा को वाणी दे!
तू गा, तू गा—
तू सन्निधि पा—तू खो
तू आ—तू हो—तू गा। तू गा!"

राजा जागे।
समाधिस्थ संगीतकार का हाथ उठा था—
काँपी थीं उँगलियाँ।
अलग अँगड़ाई लेकर मानो जाग उठी थी वीणा :
किलक उठे थे स्वर-शिशु।
नीरव पदा रखता जालिक मायावी
सधे करों से धीरे धीरे
डाल रहा था जाल हेम-तारों का।

सहसा वीणा झनझना उठी—
संगीतकार की आँखों में ठण्डी पिघली ज्वाला-सी झलक गयी—
रोमांच एक बिजली-सा सब के तन में दौड़ गया।
अवतरित हुआ संगीत
स्वयम्भू
जिस में सोता है अखण्ड
ब्रह्मा का मौन
अशेष प्रभामय।

डूब गये सब एक साथ
सब अलग-अलग एकाकी पार तिरे।

राजा ने अलग सुना :
जय देवी यशःकाय
वरमाल लिये
गाती थी मंगल-गीत,
दुन्दुभी दूर कहीं बजती थी,
राज-मुकुट सहसा हलका हो आया था, मानो हो फूल सिरिस का
ईर्ष्या, महदाकांक्षा, द्वेष, चाटुता
सभी पुराने लुगड़े से झर गये, निखर आया था जीवन-कांचन,
धर्म-भाव से जिसे निछावर वह कर देगा।

रानी ने अलग सुना :
छँटती बदली में एक कौंध कह गयी—
तुम्हारे ये मणि-माणक, कण्ठहार, पट-वस्त्र,
मेखला-किंकिणि—
सब अन्धकार के कण हैं ये! आलोक एक है
प्यार अनन्य! उसी की
विद्युल्लता घेरती रहती है रस-भार मेघ को,
थिरक उसी की छाती पर उस में छिप कर सो जाती है
आश्वस्त, सहज विश्वास-भरी।
रानी
उस एक प्यार को साधेगी।

सब ने भी अलग-अलग संगीत सुना।
इस को
वह कृपा-वाक्य था प्रभुओं का।
उस को
आतंक-मुक्ति का आश्वासन!
इस को
वह भरी तिजोरी में सोने की खनक।
उसे
बटुली में बहुत दिनों के बाद अन्न की सोंधी खुशबू।
किसी एक को नयी वधू की सहमी-सी पायल-ध्वनि।
किसी दूसरे को शिशु की किलकारी।
एक किसी को जाल-फँसी मछली की तड़पन—
एक अपर को चहक मुक्त नभ में उड़ती चिड़िया की।
एक तीसरे को मण्डी की ठेलमठेल, गाहकों की आस्पर्धा भरी बोलियाँ,
चौथे को मन्दिर की ताल-युक्त घण्टा-ध्वनि।
और पाँचवें को लोहे पर सधे हथौड़े की सम चोटें
और छठे को लंगर पर कसमसा रही नौका पर लहरों की अविराम थपक।
बटिया पर चमरौधे की रुँधी चाप सातवें के लिए
और आठवें को कुलिया की कटी-मेड़ से बहते जल की छुल-छुल।
इसे गमक नट्टिन की एड़ी के घुँमरू की।

उसे युद्ध का ढोल।
इसे संझा-गोधूली की लघु टुन-टुन—
उसे प्रलय का डमरू-नाद।
इस को जीवन की पहली अँगड़ाई
पर उस को महाजृम्भ विकराल काल!
सब डूबे, तिरे, झिपे, जागे—
हो रहे वंशवद, स्तब्ध :
इयत्ता सब की अलग-अलग जागी,
संगीत हुई,
पा गयी विलय।

वीणा फिर मूक हो गयी।

साधु! साधु!!
राजा सिंहासन से उतरे–
रानी ने अर्पित की सतलड़ी माल,
"हे स्वरजित्! धन्य! धन्य!

संगीतकार
वीणा को धीरे से नीचे रख, ढँक–मानो
गोदी में सोये शिशु को पालने डाल कर मुग्धा माँ
हट जाय, दीठ से' दुलराती–
उठ खड़ा हुआ।
बढ़ते राजा का हाथ उठा करता आवर्जन,
बोला :
"श्रेय नहीं कुछ मेरा :
मैं तो डूब गया था स्वयं शून्य में–
वीणा के माध्यम से अपने को मैं ने
सब कुछ को सौंप दिया था–
सुना आप ने जो वह मेरा नहीं,
न वीणा का था :
वह तो सब कुछ की तथता थी
महाशून्य
वह महामौन
अविभाज्य, अनाप्त, अद्रवित, अप्रमेय
जो शब्दहीन
सब में गाता है।"

नमस्कार कर मुड़ा प्रियंवद केशकम्बली।
ले कर कम्बल गेह-गुफा को चला गया।
उठ गयी सभा। सब अपने-अपने काम लगे।
युग पलट गया।

प्रिय पाठक! यों मेरी वाणी भी
मौन हुई।

–अल्मोड़ा, 18-20 जून, 1961

उत्तर प्रियदर्शी

(गीति-नाट्य) (1967)

प्रेरणा

कलिंग के महाप्रतापी विजेता प्रियदर्शी अशोक को सम्राट बनने के बाद वैराग्य हुआ और उसने बौद्ध-धर्म की दीक्षा ले ली, ऐसा इतिहासकार बताते हैं। क्यों? कैसे? इस का कोई उत्तर इतिहासकार नहीं देते।

पाँचवीं शती के चीनी यात्री फ़ाह्यान ने बताया है कि पाटलिपुत्र की नगर-सीमा के बाहर उसने एक दीवार देखी थी जो अशोक के बनवाये हुए नरक की प्राचीर बताई जाती थी।

अशोक पहले प्रचण्ड स्वभाव का और क्रूर शासक था। उसने एक परम नृशंस व्यक्ति को खोज कर एक नरक बनवाया; इस नरकाधिपति को उसने आश्वासन दिया कि नरक-सीमा में उसकी सत्ता सर्वोपरि होगी—यहाँ तक कि स्वयं राजा भी उसके भीतर आ जाये तो उसके नियम से अनुशासित होगा।

घटना-चक्र में राजा को 'राज-मर्यादा' की रक्षा के लिए वहाँ आना पड़ा।

सातवीं शती के दूसरे चीनी यात्री ह्युएनूत्साङ् ने नरक सम्बन्धी इस कथा की पुष्टि की है।

उन्नीसवीं शती के अन्तिम दिनों में अंग्रेज सैनिक पुरातत्त्व-प्रेमी वैडेल ने पाटलिपुत्र में जो खुदाई कराई थी, उसमें उसे ऐसे स्थलीय अवशेष मिले थे जो फ़ाह्यान और ह्युएनूत्साङ् के वर्णन से मेल खाते थे।

क्या नरक के निर्माण, कलिंग-विजय, राजा के दर्प और उसके मोह-भंग में कोई सम्बन्ध रहा? इतिहासकार जिन प्रश्नों का उत्तर नहीं देते, उन्हें क्या कवि-नाटककार पूछ भी नहीं सकता? विजय-लाभ पर पहले अहंकार फिर अहंकार के ध्वस्त होने पर नये मूल्य का बोध, नयी दृष्टि का उन्मेष—क्या यही सही तर्क-संगति और सहज मनोवैज्ञानिक क्रम नहीं है?

मृत्यु से साक्षात्कार के बिना अमरत्व नहीं मिलता, नरक की पहचान के बिना नरक-मुक्ति का कोई अर्थ नहीं—**कठोपनिषद्** के नचिकेता से लेकर **डिवाइना कामेडिया** के दान्ते तक इसके अनेक साक्षी हैं।

'उत्तर प्रियदर्शी' का पहला आरंगण नयी दिल्ली में त्रिवेणी कला संगम के खुले रंगमंच पर 6 मई, 1967 को निष्पन्न हुआ।

पात्र

प्रियदर्शी : *(अशोक)*
मन्त्री :
घोर : *(यम)*
भिक्षु :
संवादक :

(संवादक चार या पाँच होंगे। मुख्य स्वर संवादक 1, स्त्री स्वर संवादक 2, अन्य दो-तीन साधारण स्वर)

वेश

घोर (यम) मुखौटा पहनकर प्रवेश करेगा; वेश चरित के अनुरूप : अन्य सब पात्र साधारण मानव रूप में।

प्रियदर्शी राज-वेश में, मन्त्री पदानुकूल भूषा में; भिक्षु और संवादक-वृन्द सब भिक्षु-वेशी होंगे।

मंच-सज्जा

शुद्ध नाट्य-धर्मी।

पीछे दीवार, दीवार के पार देव-तरु और मन्दिर-कलश की सांकेतिक झलक। दीवार के सामने स्तम्भ के ऊपर पद्मपीठ। यवनिका नहीं होगी।

कक्ष-विभाजन सम्भव हो तो मंच के मध्य में चार अंगुल ऊँचा एक चौकोर कक्ष बनाया जा सकता है जो प्रसंगानुसार राज-भवन की अथवा नरक की परिसीमा निर्दिष्ट कर देगा।

अशोक के नरक की कथा

'सम्राट अशोक पूर्व-जन्म में जब बालक थे और पथ की धूल में खेल रहे थे, तब शाक्य बुद्ध उधर से घूमते हुए, भिक्षा माँगते हुए निकले; बालक ने मुदितमन एक मुट्ठी धूल उठाकर उन्हें दे दी। बुद्ध ने धूल ग्रहण की और फिर उसे नीचे डाल दिया। पर इसी दान का फल बालक को यह मिला कि वह अनन्तर जम्बूद्वीप का राजा हुआ।

एक बार जम्बूद्वीप में भ्रमण करते हुए राजा ने देखा, दो पहाड़ियों के घेरे में दुष्टों को दण्ड देने के लिए एक नरक बना हुआ था। मन्त्रियों से यह पूछने पर कि वह क्या है, उन्होंने उत्तर दिया, 'यह प्रेतों के राजा यम का लोक है, जहाँ दुष्टों को यन्त्रणा दी जाती है।' राजा ने सोचा, 'प्रेत-राज भी दुष्टों को दण्ड देने के लिए नरक बना सकते हैं; मैं नरेश्वर क्यों नहीं एक नरक बनवा सकता?' उसने तत्काल मन्त्रियों को आज्ञा दी कि एक नरक बनवायें जिसमें उसके आदेशानुसार दुष्टों को यन्त्रणा दी जा सके।

'मन्त्रियों के यह उत्तर देने पर कि कोई परम दुष्ट व्यक्ति ही नरक का निर्माण कर सकता है, राजा ने चारों ओर ऐसे व्यक्ति की खोज के लिए चर दौड़ाए। एक ताल के किनारे उन्हें काले रंग का, पीले बाल और हरी आँखों वाला एक दीर्घकाय, बलिष्ठ व्यक्ति मिला जो पैरों से मछलियाँ मार रहा था, और पशु-पक्षियों को निकट बुलाकर उनका वध करता जा रहा था—कोई उससे बचकर नहीं जाता था। वे उसे राजा के पास ले गये। राजा ने एकान्त में उसे आदेश दिया : 'ऊँची दीवारों वाला एक बाड़ा बनाओ; उसमें फल-फूल लगाओ, सरोवर बनाओ जिससे लोग उसकी ओर आकृष्ट हों; उसके द्वार भारी और अत्यन्त दृढ़ बनाओ। जो कोई भीतर आ जाये उसे पकड़कर पाप के दण्ड में दारुण यन्त्रणा दो, किसी को बचकर जाने मत दो। अगर मैं भी उसकी परिधि में आ जाऊँ तो मुझे भी न छोड़ो, मुझे भी वैसी यन्त्रणा दो। जाओ, मैंने तुम्हें नरक का राजा नियुक्त किया।'

'कुछ दिन बाद एक भिक्षु भिक्षा माँगता हुआ उधर से निकला और द्वार के भीतर चला गया। नरक के गणों ने उसे पकड़ लिया और यन्त्रणा देने चले। उसने उनसे थोड़ा अवकाश माँगा कि भोजन कर लें क्योंकि मध्याह्न का समय था। इसी बीच एक

और व्यक्ति उधर आ निकला, यम के गणों ने उसे कोल्हू में पीस दिया जिससे रुधिर का लाल झाग बहने लगा। देखते-देखते भिक्षु को एकाएक बोध हुआ कि शरीर कितना नश्वर है, जीवन झाग के बुलबुले-सा कैसा असार; और उसे अर्हत् का पद प्राप्त हो गया। तभी नरक के गणों ने उसे पकड़कर खौलते कड़ाह में फेंक दिया, किन्तु भिक्षु के चेहरे पर अखण्ड सन्तोष का भाव बना रहा। आग बुझ गयी, कड़ाह ठण्डा हो गया, उसके बीचों-बीच एक कमल खिल आया, जिस पर भिक्षु पद्मासनासीन था। गण राजा के पास यह समाचार लेकर दौड़े गये कि नरक में एक चमत्कार हो गया है और वह चलकर अवश्य देखें। राजा ने कहा, 'मेरी तो ऐसी प्रतिश्रुति थी कि मैं वहाँ जा नहीं सकता।' गणों ने कहा, 'यह कोई साधारण बात नहीं है, राजा को अवश्य देखना चाहिए; पहला शासन तो बदला जा सकता है।' राजा उनके साथ गया और नरक में प्रविष्ट हुआ। भिक्षु ने उसे धर्मोपदेश दिया जिससे राजा को मुक्ति मिली। उसने नरक तुड़वा दिया और अपने पाप का प्रायश्चित किया। तब से वह त्रिरत्न को मानने लगा।'

—फ़ाह्यान (भारत-यात्रा, मगध-यात्रा ई. सन् 405)

'राज-प्रासाद के उत्तर को कोई दस हाथ ऊँचा एक शिलास्तम्भ है; यह वह स्थान है जहाँ राजा अशोक ने एक 'नरक' बनवाया था।...आरम्भ में जब राजा सिंहासनारूढ़ हुआ तब उसने बड़ी क्रूरता बरती थी; उसने प्राणियों को यन्त्रणा देने के लिए एक नरक रचाया था।'

—ह्युएन् त्साङ् (भारत-प्रवास, ई. सन् 630-644)

हल्के ताल-वाद्यों के साथ
चार-पाँच भिक्षुवेशी संवादकों
का प्रवेश।

संवादक *(समवेत)* **:**

नमो बुद्धाय
नमो बुद्धाय
नमो बुद्धाय

संवादक 1-2

उसी बुद्ध को नमन,
उसी चरित का स्मरण,
उसी अपरिमित करुणा का
जिसके करतल की छाया में,
यह जीवित संसृत होता है अविराम;

समवेत :

नमो बुद्धाय–

संवादक 3-4

जिसके अवलोकित भर से
कट जाते हैं
माया के पाश,
जिसके चिर-अक्षोभ्य हृदय में अनुपल
लय पाते रहते हैं भव के अविरल ऊर्मि-विलास;

समवेत :

नमो बुद्धाय–
उसी क्षान्ति, प्रज्ञा को

पारमिता करुणा को
बारम्बार प्रणाम—
नमो बुद्धाय!
नमो बुद्धाय!

(स्थान ग्रहण करते हैं।)

समवेत :

स्मरण करो...

संवादक 1 :

देवों का प्रिय प्रियदर्शी जब कभी दूसरे भव में
बालक था—अपने घर आँगन में मिट्टी से खेल रहा था—
सहसा ठिठक गया :
थे द्वार खड़े
पर्यटक शाक्यमुनि
स्मित-नयन माँगते भिक्षा

समवेत :

स्मरण करो—स्मरण करो...

संवादक 2 :

ओ शिशु अबोध! यह द्वार खड़े
हैं स्वयं तथागत—
बाँट रहे सब को अमोल निधि
सहज मोक्ष की—
माँग रहे कौतुक-भिक्षा!

समवेत :

ओ, स्मरण करो!

संवादक 1 :

स्वयमेश्वर माँग रहे!

संवादक 3 :

मुट्ठी-भर धूल उठा कर
शिशु स्मितमुख, उदार,
देता है :

संवादक 2 :

लो, सन्यासी!

संवादक 3 :

और शाक्यमुनि
हाथ बढ़ा कर ले लेते हैं।

समवेत :

स्मरण करो!

संवादक 3-4

धरती के भावी राज-पुरुष के हाथों से मिट्टी लेकर
चौदह भुवनों के राजेश्वर
फिर धरती को ही देते हैं–

संवादक 1 :

आशीर्वत्!

समवेत :

स्मरण करो!

संवादक 3-4

यों रत्न-प्रसू हो रसा, पुण्य-प्रभवा हो!

(दो संवादक उठ खड़े होते हैं
और मंच का आवर्त्तन आरम्भ
करते हैं।)

संवादक 3-4

बालक की क्रीड़ा चलती रहती है :
धरती के आगँन की मिट्टी अशेष है
और तथागत की लीला?
चुक जाय सभी कुछ जहाँ,
वहाँ, बस, वही शेष है :

समवेत :

स्मरण करो...

(सभी संवादक उठकर मंच का आवर्त्तन करते हैं।)

संवादक 1 :

कालचक्र घूमता रहे, युग बदलें, बीतें,
संसारों के बनें-मिटें आवर्त्त असंख्य,
सृष्टि-लय स्फार-संकुचन हों, इतने—
होना भी अनहोने की एक क्रिया बन जाये—
किन्तु क्रान्तदर्शी अकाल वह
एक, अयुत, सत्,
वरद-पाणि,
सब देख रहा है :

संवादक 2 :

करुण-नयन, अनिमेष।

(संवादक बैठते हैं। बैठते हुए :)

समवेत :

ओ, स्मरण करो!
स्मरण करो!

(तालवाद्य : कालान्तर सूचक)

संवादक 1 :

वह आता है
राजपुरुष,
सम्राट्
चक्रवर्ती,

समवेत :

जय कर के आसमुद्र
इस महादेश को।
सुजला सुफला सुरसा
मणि-माणिक्य-खनी श्रीवन्ती पुण्य-धरा को!

(प्रियदर्शी के प्रवेश का आरम्भ।)

संवादक 1 :

वह आता है
राजपुरुष,
सम्राट्,
चक्रवर्ती,
शत्रुंजय,

संवादक 3 :

वृष-कन्धर, उल्लम्बबाहु
उन्नत ललाट, भ्रू कसे,
नासिका दर्प-स्फीत,

संवादक 2 :

उर व्रज!
नेत्र-अंगारक
युगल मुकुर में करते प्रतिबिम्बित
कलिंग-लक्ष्मी का घर्षण!

संवादक 3-4 :

रण-प्रांगण में निर्मर्याद प्लवन
शोणित की
स्वर-स्रोत गंगा का!

संवादक 3 :

आता है
राजपुरुष वह...

समवेत :

कौन देवताओं के प्रिय हो,
ओ प्रियदर्शी?

(प्रियदर्शी प्रवेश करके मंच का आवर्त्तन कर रहा है।)

समवेत :

राजा आता है
जयी, अप्रतिम,
सर्वदम, देवानां प्रिय,
प्रियदर्शी निःशत्रु!
एकमेव राजेश्वर!

(धीरे-धीरे ताल-वादन।)

संवादक 1 :

यों युद्धान्त हुआ! (ताल)
सन्ध्या के
चरण गाते हैं मांगल्य मधुर,
घण्टियाँ निरन्तर गुँजा रही हैं
आक्षिति, आसमुद्र
इस पृथ्वी-वल्लभ परमेश्वर का कीर्तिनाद!

संवादक 2 :

राजा प्रियदर्शी, जयी, वशी,
वरमाल गले डाले कलिंग-लक्ष्मी की सद्यःकलित
कुसुम-कलियों की–

संवादक 3 :

राजा प्रत्यावर्ती, एक, अकेला, देवानां प्रिय, अद्वितीय...

*(राजा मंच का आवर्त्तन
पूरा करके मध्य में
रुकता है।)*

समवेत :
एक अकेला, अद्वितीय!
हाँ, अद्वितीय!
निर्द्वन्द्व! अकेला! एक!

(ताल : दर्पभाव)

प्रियदर्शी :

गाओ, नान्दी!
भट-चारण-गण!
गगन गूँजने दो
प्रियदर्शी परमेश्वर
राज-राज-राजेश्वर के यशःमान से।

समवेत :

राजा-एक-अकेला...
शत्रुंजय निर्द्वन्द्व!
अकेला राजा–
राजा एक अकेला!

*(ताल परिवर्तन : करुण
सन्देह भाव।)*

प्रियदर्शी :

पर सन्ध्या की धीरे-धीरे गहराती अरुणाली
अनुराग-रंगी कब होगी?
कब घर-घर की धूम-शिखाओं का सोंधापन
ये आँखें आँजेगा?
कब माँजेगा मेरे मन का कल्मष
मेरे जन-जन का वात्सल्य
अनातंकित, उदार, सोल्लास?
मुग्ध नील नलिनी से अपने
नयनों से
ओ रात!
नखत-नीहर-धुला उजला दुलार
कब दोगी? कब?

*(राजा एकाएक घूम जाता है।
ताल : दर्प भाव)*

प्रियदर्शी :

गाओ! नान्दी!
गगन गूँजने दो, भट-चारण-गण!
राजा के यशःगान से।

*(प्रियदर्शी फिर सामने की ओर
घूम जाता है।)*

प्रियदर्शी :

राज-राज-राजेश्वर!
परमेश्वर प्रियदर्शी!
आसमुद्र, आक्षितिज
जहाँ जो दीख रहा है—
मेरा देवानां प्रिय का—शासित है!
प्रियदर्शी का!

*(प्रियदर्शी मंच का आवर्तन करता
जाता है; इस बीच संवादक हट
जाते हैं। नेपथ्य में ताल-वाद्य
प्रबलतर होता जाता है।)*

प्रियदर्शी :

मेरा शासित!

(ताल बदलता है।)

किन्तु दिशाएँ
क्यों रंजित होती जाती हैं अनुक्षण
युद्ध-भूमि के शोणित से?...क्यों सन्ध्या की
स्निग्ध शान्ति को चीर,
भंग कर मंगल-गायन का सम्मेलन—
उमड़ा आता है चीत्कार असंख्य स्वरों का?
क्यों नगरी के हर्म्य, सौंध,
ऊँची अटारियाँ,
मन्दिर-कलश,
पताक,
देव-तरु,
सब रुण्डों की सेना जैसे
अपने मुण्ड रौंदते अपने ही चरणों से—
बढ़ते ही आते हैं
हाथ बढ़ाये—
दुर्विनीत, दुःशास्य—

(ताल वादन)

असंख्य शत्रुदल!
क्यों ये
ध्वस्त, विजित, विस्मृत,
ये धूल मिल चुके शत्रु
अनार्य, आकिंचन,
उमड़-उमड़ आते हैं
अविश्रान्त
ये अशमित प्रेत, तोड़कर मानों द्वार

नरक कारा के?
क्यों? क्यों? क्यों?

*(प्रियदर्शी रुक जाता है
ताल बदलता है। दर्पभाव।)*

प्रियदर्शी :

प्रियदर्शी!
निःशत्रु! सर्वदम!
परमेश्वर!
हः! उन्हें लौटना होगा। यह प्रमाद
यह प्रेत-उपद्रव
शासित होगा!
अशमित नरक-प्रजा को यह परमेश्वर
कड़ी यन्त्रणा में बाँधेगा!
बाँधेगा—नहीं सहेगा—बाँधेगा—
ओ लाल साँझ!
ओ नील निशा!
ओ जन-जन के घर-घर के शिला-धूम!
ओ सौध-शिखर के स्वर्ण-कलश, रक्ताग्नि-स्नान!
प्रियदर्शी नहीं सहेगा!
नहीं सहेगा! बाँधेगा! बाँधेगा—नहीं सहेगा!

*(प्रस्थान करने लगता है।
अगले समवेत भाषण में मंच
के अन्त तक पहुँच जाता है।)*

संवादक 3, 4, 5 :

(नेपथ्य से)
प्रियदर्शी नहीं सहेगा।
ओ लाल साँझ! ओ नील निशा।
नहीं सहेगा—कड़ी यन्त्रणा में बाँधेगा!

ओ जन-जन के घर-घर के शिखाधूम!
ओ हर्म्य, सौध, मन्दिर के स्वर्ण-कलश!
रक्ताग्नि-स्नात।
रणक्षेत्र में गिरकर जो हो गये मुक्त
उन सब को
यह पृथ्वी परमेश्वर नरक-यातना देगा!

(संवादक मंच के छोर पर प्रकट होते हुए बोलते हैं।)

संवादक (समवेत) :

कहाँ तुम्हारा नरक, राज-राजेश्वर?
कहाँ प्रजा वह इतर,
वाहिनी पराभूत—
वे प्रतिद्वन्द्वी अशरीरी?

(संवादक वहीं से पीछे हट कर अदृश्य हो जाते हैं। प्रियदर्शी मंच के दूसरे छोर से बोलता है।)

प्रियदर्शी :

मन्त्री! मन्त्री! प्रतीहार!

(दूसरे छोर से मन्त्री का प्रवेश मात्र)

मन्त्री :

आज्ञा, राजन्!

प्रियदर्शी :

राजन्? राज-राज-राजेश्वर!
तुमने ही क्या ऐसा नहीं कहा था?

मन्त्री :

निश्चय, आर्य, परम भट्टारक!

प्रियदर्शी :

झूठ कहा था?

मन्त्री :

इस पद की मर्यादा सेवक कभी नहीं तोड़ेगा।

प्रियदर्शी :

तो फिर बोलो—
मेरा शासित नरक कहाँ है?

मन्त्री :

महाराज!

प्रियदर्शी :

मैं नहीं सुनूँगा!
नहीं सहूँगा!
नरक चाहिए मुझको!
इन्हें यन्त्रणा दूँगा मैं, जो प्रेत-शत्रु ये मेरे तन में
एक फुरहरी जगा रहे हैं
अपने शोषित की अशरीर छुअन से!
उन्हें नरक!
मेरा शासन है अनुल्लंघ्य!
यन्त्रणा!
नरक चाहिए मुझ को!

(मन्त्री उलटे पैर पीछे हट जाता है उद्घोषक प्रवेश करते हैं।)

संवादक 1 :

राजा को नरक चाहिए!

संवादक 3-4 :

यह पृथ्वी परमेश्वर
व्यापक अपनी सत्ता का निकष
मानता है अपने ही रचे नरक को।

समवेत :

सार्वभौम, प्रियदर्शी! नरक कहाँ है! किस का?
किस को? किस से शासित?

संवादक 3-4 :

शत्रु तुम्हारे—हार चुके जो—समर-भूमि में गिरे—
तुम्हारे पार्थिव शासन से तो मुक्त हो गये!

संवादक :

उन का सुख-दुख यन्त्र-यातना-परितोषण उत्पीड़न—
वशी! और अब वश्य तुम्हारा नहीं रहा!

*(अन्य संवादक बैठ रहे हैं,
पहला बोलता है।)*

संवादक 1 :

उन के भी शास्ता हैं

समवेत :

किन्तु दूसरे!

संवादक 1 :

वह जिन का है
उन का ही रहने दो।
तुम पृथ्वी का भरण करो।

(बैठ जाता है।)

समवेत :

स्मरण करो! स्मरण करो!

संवादक 2 :

पार्थिव ! पृथ्वी का भरण करो।

(प्रियदर्शी का प्रस्थान। दूसरी ओर से उग्रताल वादन के साथ घोर का सवेग प्रवेश।)

घोर :

और नरक का
एकछत्र राजत्व मुझे दो। वहाँ एक
मैं शास्ता हूँ—महाकाल!

समवेत :

महाकाल को स्मरण करो।
स्मरण करो!
शास्ता को स्मरण करो!

संवादक 2 :

उस एक करुण को शरण करो!

(घोर मंच का आवर्तन करता हुआ मानो अपने राज्य की सीमा अंकित कर रहा है। संवादक हर पद पर ताल देते रहते हैं।)

घोर :

मैं ब्रज! निष्करुण! अनुल्लंघ्य! मेरे शासन में
दया घृण्य! ममता निष्कासित!
मैं महाकाल! मैं सर्वतपी!
धराधीश ने मुझे दिया यह राज्य—प्रतिश्रुत होकर—
इस घाटी में उस का शासन—(धूल धरा की!)—

झड़ जायेगी
यहाँ एक
मैं, अद्वितीय बल! सार्वभौम! हः!
प्रियदर्शी भी—
परकोटे के पार!—रह परमेश्वर!
फटके इधर कि एक झटक में
मेरे पाश बँधेगा—मेरा शासित होगा—
मुझ समदर्शी यम का कोड़ा सब को निर्मम
यहाँ हाँक लाता है—जहाँ अशम
मेरी ज्वाला की लपलप जीभें
उन्हें चाट लें—

(नेपथ्य से उठती हुई नरक की ध्वनियाँ धीरे-धीरे स्पष्ट होने लगती हैं।)

घोर :

मेरे पत्थर
उन को तोड़-तोड़ कर पीसें,
मेरे कोल्हू
उन्हें पेर लें :
लाल कड़ाहों में मेरे, उन के अवयव
चटपटा उठें खा-खा मरोड़!
मेरे गण उन को उत्तप्त अथःशूलों से बेध
उछालें, पटकें, रौंदें,
मानों झड़ते पत्ते नच कर टूट-टूट
अन्धड़ के आगे नाचें, निस्सहाय, निःसत्व,
पिसें, हों मिट्टी, अर्थहीन!

(विनाश ताण्डव करता है। उग्र तालवाद्य, नेपथ्य से चीत्कार ध्वनियाँ।)

घोर :

मैं महाकाल! मैं यम! अपनी सीमा में
मैं आत्यन्तिक, नियति-नियन्ता, शास्ता दुर्निवार!
मैं घोर
मेरे शासन में
नहीं व्यतिक्रम! दया—
द्रोह है! दंड्य!
यह मेरा संसार-नरक है
सत्ता की मुट्ठी में जकड़ी
यहाँ
कल्पना
तोड़ रही है साँस!
नये साँकल के तालों पर
संगीत कराहों का गुँजायमान
अविराम यहाँ—अविराऽऽम!

(प्रस्थान करता हुआ।)

घोर :

गूँजे! गूँजे! गूँजे!
बढ़ो, गणो! नाचो, ज्वालाओ!
ऐंठन, टूटन! तड़पन!
गूँजे! नाचो।
नाचो! नाचो! नाचो!

(घोर का प्रस्थान! साथ-साथ नरक की ध्वनियाँ कुछ धीमी पड़ जाती हैं। दूसरी ओर से भिक्षु का प्रवेश। भिक्षु टटोलता हुआ बढ़ रहा है। संगीत : लय परिवर्तन।)

भिक्षु :

कहीं होगा मार्ग—

कोई द्वार—कोई सन्धि—कोई रन्ध्र
जिस से स्पर्श वत्सल
पहुँच कर इस दुःख को सहला सके!
क्यों यहाँ इतनी व्यथा है? क्यों
मनुज यों जलें, टूटें, जिन्हें
जीना ही जलन था, साँस लेना छटपटाना—टूटना?
क्यों न इन को भी छुए वह ज्योति
जिसके अवतरण का साक्ष्य
है यह चीवरों का रंग—
मैली धारयित्री धूल, उजली तारयित्री धूप का
यह मिश्रवर्णी रंग!
उतरो, ज्योति! उतरो! मुझे भी आलोक दो।

(नरक के स्वर एकाएक उभर कर फिर धीमे; केवल एक तीक्ष्ण चीत्कार।)

भिक्षु :

गया वह! अनजान कोई—किन्तु सबका सगा
क्यों कि उसको ज्योति-कर ने छू लिया...!
दुःख है भव की प्रतिज्ञा—संसरण ही दुःख है—
पर एक करुणा की पहुँच है जो
गगन से खींच लाती है किरण वह
घाम जिस का
सब प्रतिज्ञाएँ गला दे! तोड़ दे भव-बन्ध!
नहला दे प्रभा में
मुक्त कर कूटस्थ उस आनन्द को जो
मुक्ति का ही स्वयम्भू पर्याय है।

समवेत :

उसी को स्मरण करो!

भिक्षु :

उतरो, ज्योति! उतरो, मुझे बल दो!
क्षान्ति दो निष्कम्प–ओ करुणे
प्रभामयी! अभय दो!

(भिक्षु बढ़ कर नरक-सीमा में प्रवेश करता है : नरक की ध्वनियाँ स्पष्ट हो जाती हैं। भिक्षु प्रविष्ट होते ही अदृश्य कशाघात से लड़खड़ाता, रुधिरपंक से सकुचता, लपटों से बचता सँभल जाता है और फिर भुजाएँ उठा कर बढ़ता है।)

भिक्षु :

उतरो, ज्योति! मुझको क्षान्ति दो निष्कम्प–
बल दो–अभय दो–
करुणा प्रभामय–
स्वयम्भू आनन्द–मुझ को मुक्ति दो।

सं. (समवेत) :

स्मरण करो–ओ स्मरण करो
उस दया-द्रवित को स्मरण करो...

(नरक के स्वर मानो हार कर धीमे हो जाते हैं। घोर का प्रवेश।)

घोर :

पर यह कैसा व्याघात! नरक-संगीत
हो गया धीमा : ध्वनियाँ चीत्कारों की
चलीं डूब
खौलते कड़ाहों पर से घटा घुमड़ते काल-धुएँ की

छितरा गयी; आग की लपटें
ठण्डी हो कर सह्य हो चलीं
क्यों? जो सह्य हो गया
वह कैसा फिर नरक?
शिथिलता—नरमी? कोड़े को ही
करुणा का कीड़ा लग गया कहीं तो
फिर यम-यन्त्र रहेगा कैसे?
गणो! कहाँ हो तुम सब?
कालजिह्व ज्वालाओ।

*(घोर का सवेग प्रस्थान।
नरक-संगीत बहुत धीमा
चालू रहता है।)*

भिक्षु :

स्मरण करो!
उस दया-द्रवित का वरण करो।
उस सतत करुण को शरण करो!
नमो बुद्धाय
नमो बुद्धाय...
नमो बुद्धाय

*(भिक्षु मंच की परिक्रमा कर
के ध्यानस्थ बैठ जाता है।
दूसरी ओर से प्रियदर्शी का
प्रबेश। धीमा नरक संगीत
चालू रहता है।)*

प्रियदर्शी :

यह क्या सुनता हूँ? विफल हुई यम-कशा?
नरक-ज्वालाएँ
शमित हुईं?
उत्तप्त कड़ाहों में खिल उठे
कोकनद कमल?

कालझंझा हो मृदुल, बन गया
चन्दनगन्ध समीरण?
किंकर्तव्य, परास्त हुआ मेरा अमोघ प्रतिभू,
यम? वज्र घोर?
परमेश्वर प्रियदर्शी का शासन
व्यर्थ हुआ?

कभी नहीं! झूठे हैं चर-कंचुकी-प्रतीहार। मोहान्ध
हो गये हैं प्रहरी, अधिकृत, अमात्य, मन्त्री, सब
क्लीव हो गये हैं अतिसुख से!
अति-नैर्विघ्न्य शत्रु बन जाता है
साम्राज्यों की सत्ता का! पर यह राजा
जो-कुछ देता है खुले हाथ,
उस को वश में भी रख सकता है।
यम के शासन को अमोघ रहना ही होगा–
वह पृथ्वी-परमेश्वर के प्रतिभू का शासन है–
देवानां प्रिय का–प्रियदर्शी महार्ह का अपना शासन।
प्रियदर्शी महार्ह–

*(सवेग बढ़ कर नरक की
परिधि में प्रवेश करता है;
पाशग्रस्त होकर कशाघात से
चीत्कार कर उठता है। नरक-
संगीत स्पष्ट हो उठता है।)*

संवादक (समवेत) :

पूर्ण हो गया चक्र!

संवादक 2 :

बँध गया राजा–

संवादक 1 :

उसी पाश में

जिस का सूत्र
बँटा था उस के गौरव-दृप्त करों ने!

समवेत :

स्मरण करो!...

घोर :

भोगो, राजा, भोगो! यम के
गणो, बढ़ो! लपको!
तुम अपना काम करो!

(प्रियदर्शी की यन्त्रणा बढ़ती है; नरक-संगीत और तालवाद्य द्रुततर और प्रबल; राजा लड़खड़ाता हुआ रुक-रुक कर, बोलता जाता है।)

प्रियदर्शी :–

यह क्या है प्रसाद? तुम
मेरे अधिकृत हो-प्रतिभू!–सत्ता का
स्रोत तुम्हारी–मैं हूँ–शासन आत्यन्तिक
मेरा है! मत भूलो! घोर!...
तुम्हारी मर्यादा है!

समवेत :

स्मरण करो!

घोर :

और प्रतिश्रुति तेरी?
तेरा शासन, राजा,
क्या मुझ को ही अनुल्लंघ्य है?
बँधा हुआ है तू भी!
नरक

स्वयं तू ने माँगा था!
'मुझ को नरक चाहिए।' ले,
प्रियदर्शी, परमेश्वर!
अपनी स्फीत अहन्ता का
यह पुरस्कार! ले! नरक!

(छाया-युद्ध! घोर प्रहार करता है और राजा बढ़ता हुआ चलता है। तीखा व एक संगीत : प्रबल तालवाद्य! अन्त में राजा भिक्षु के सामने गिरता है। घोर का उठा हाथ रुक जाता है; फिर वह सहर्ष प्रस्थान करता है।)

प्रियदर्शी :

तुम कौन, काषाय-वस्त्रधारी?
कैसे तुम यहाँ?
तुम्हारे चारों ओर
शान्ति यह कैसे?
वे सब क्या सच ही कहते थे—
स्खलित हो गया शासन?
भंग हुई मर्यादा?
क्यों ज्वालाएँ नहीं छू रहीं तुम को? नहीं सालते
कशाघात यम के? क्यों एक सुगन्धित शीतल
दुलराती-सी साँस
तुम्हारे चारों ओर बह रही है
जीवन्त कवच-सी?
क्यों, कैसे, किस चमत्कार-बल से
तुम नरक-मुक्त हो?
ओ सन्यासी!
आह! आऽऽह!

(भिक्षु धीरे-धीरे खड़ा होता है।)

भिक्षु :

कैसा नरक? वत्स प्रियदर्शी!
कशाघात किस के? ज्वालाएँ कहाँ?
स्खलन भी किस शासन का?
देवों के प्रिय, राज-राज! मर्यादा
है, जो होती नहीं भंग—
शासन भी
है, जो नहीं छूटता;
पर वह सत्ता नहीं तुम्हारी :
शासन सार्वभौम, आत्यन्तिक अनुल्लंघ्य,
वह जो है—
उस का भी उत्स
वहीं है—
(पहचानो तो!)—

समवेत :

स्मरण करो...ओ, स्मरण करो...

भिक्षु :

जहाँ तुम्हारे अहंकार का!
यम की सत्ता
स्वयं तुम्हीं ने दी उस को
तुग हुए प्रतिश्रुत
एक समान अकरुणा के बन्धन में!
नरक! तुम्हारे भीतर है वह! वहीं
जहाँ से निःसृत पारमिता करुणा में
उस का अघ घुलता है स्वयं नरक ही गल जाता है।
एक अहन्ता जहाँ जगी—भव-पाश बिछे, साम्राज्य बने—
प्राचीर नरक के वहीं खिंच गये :
जागी करुणा—मिटा नरक,

साम्राज्य ढहे, कट गये बन्ध,
आप्लवित ज्योति के कमल-कोश में
मानव मुक्त हुआ!

(प्रियदर्शी प्रणत होता है। घोर का प्रवेश : अचकचाया-सा वह चारों ओर देखता है और पीछे हटता हुआ अदृश्य होता है।)

समवेत :

स्मरण करो!

संवादक 2 :

आप्लवित ज्योति के सागर में
कमलासनस्थ
उस पारमिता करुणा को

समवेत :

स्मरण करो!

भिक्षु :

हाँ, स्मरण करो
अपने भीतर का पद्मकोश
सिंहासन पारमिता करुणा का :
दुःख, अहन्ता का सागर
जिस के चरणों में खा पछाड़
हट-हट जाता है पीछे!

समवेत :

स्मरण करो।
स्मरण करो।

भिक्षु :

पारमिता करुणा को नमन करो

उस परम बुद्ध को शरण करो!

(प्रियदर्शी उठ खड़ा होता है।)

प्रियदर्शी :

कल्मष-कलंक धुल गया! आह!
युद्धान्त यहाँ यात्रान्त हुआ!
खुल गया बन्ध! करुणा फूटी!
आलोक झरा! यह किंकर
मुक्त हुआ! गत-शोक!

(नमन करते हुए)

प्रियदर्शी :

नमो बुद्धाय!

समवेत :

स्मरण करो!

भिक्षु :

पारमिता करुणा को स्मरण करो।

(आगे भिक्षु, पीछे राजा का प्रस्थान। घोर का प्रवेश। घोर धीरे-धीरे प्रश्नपूर्वक प्रियदर्शी के वाक्य दुहराता है।)

घोर :

यात्रान्त हुआ? खुल गया बन्ध?
करुणा फूटी? आलोक झरा? नर किंकर
गत-शोक हुआ? हो गया मुक्त?

(हतबुद्धि-सा घोर नरक की परिधि के चारों ओर आँख दौड़ाता है। फिर मानो जाग कर धीरे-धीरे बोलता है।)

घोर :

प्रियदर्शी अशोक!
ओ—मुक्ति-स्रोत को वरण करो!

(चकित परास्त भाव से प्रस्थान)

समवेत :

ओ—स्मरण करो!...

(संवादक उठ खड़े होते हैं और धीरे-धीरे प्रस्थान करते हुए तालवाद्य के साथ बोलते जाते हैं।)

समवेत :

नमो बुद्धाय!
बुद्धाय!
नमो बुद्धाय!

(अदृश्य होने से पहले एकाएक प्रबल स्वर से :)

प्रथम उद् :

ओ, स्मरण करो...

(संवादकों के साथ नेपथ्य से भी भारी अनुगूँज, जो धीरे-धीरे शान्त होती है।)

समवेत :

नमो बुद्धाय!
नमो बुद्धाय!
नमो बुद्धाय!

(अदृश्य होते हैं। तालवाद्य विलय।)

परिशिष्ट (ङ)

जापान विषयक लेखन
(डायरी/लेख/चर्चा/रेडियोवार्ता/अनुवाद)

पुस्तक के इस खंड में अज्ञेय के लेखन के वे अंश एकत्र किए गए हैं जिनमें उन्होंने किसी न किसी रूप में जापान की चर्चा की है, जापान पर लिखा है अथवा अन्य किसी रचनाकार के जापान विषयक लेखन का अनुवाद किया है। चयन के साथ यह भी उल्लेख कर दिया गया है कि कौन सा अंश कहाँ से लिया गया है।

1. भवन्ती (1972) से

(क) जापान भी खूब है—एक टो-क्यो, एक क्यो-टो
बाजा भी सुना वहाँ (टो-को मत!) 'को-टो'
छोटे-छोटे हाइकू
महाकाव्य काइकू?
लोटो और टो लो जरा टो-फ़ो का फ़ो-टो!

—भवन्ती पृ. 102

(ख) समुद्र मुझे अच्छा लगता है—बहुत अच्छा लगता है। कभी-कभी देश के भूगोल से इसी को लेकर शिकायत होती है कि हमारे पास अधिक लम्बा, अधिक सुन्दर, अधिक वैविध्य-भरा सागर-तट क्यों न हुआ? जितना है, उसमें कुछ बड़े सुन्दर अंश हैं, जैसे कन्याकुमारी का चट्टानी सागर-तट, पर वह भूमध्य रेखा के बहुत निकट है और उतना गर्म प्रदेश मुझे नहीं भाता; जो उतनी दूर दक्षिण नहीं है वह सब सपाट चपटा है और उष्ण मेखला में न होकर भी ऐसा है मानो उसमें हो...इसीलिए सागर-तट की बात सोचता हूँ तो वह प्रायः विदेशी सागर-तट हो जाता है : जापान के इज़ू प्रायद्वीप का तट, हवाई के द्वीपों के तट, इटली का उत्तर पश्चिमी तट,

कैलिफ़ोर्निया के कुछ अंश, उत्तरी आयरलैण्ड के कुछ तटांश...

सागर मुझे बहुत अच्छा लगता है। पहाड़ भी मुझे अच्छे लगते हैं। कभी जब फुरसत में कहीं बसने के दिवा-स्वप्न देखता हूँ, तो सोचता हूँ कि कहीं सागर-तट पर रहूँ जहाँ घण्टों सागर की हलचल देखता रह सकूँ—फिर एकाएक सोचता हूँ कि तब क्या पहाड़ छोड़ दूँगा? नहीं, पहाड़ तो कभी नहीं छोड़ सकता—पहाड़ पर ही रहूँगा, समुद्र पर जब-तब चला जाया करूँगा! (इज़ू प्रायद्वीप की यही विशेषता हैः वह समशीतोष्ण मेखला का पहाड़ी सागर-तट है जिस पर हिमाच्छादित ज्वालामुखी भी है, पथरीली तटियाँ भी हैं और रेतीली भी, ठण्डा उद्विग्न समुद्र भी है और गरम अन्तर्धारा से तपाया हुआ सुहाने वाला और प्रशान्त तर पानी भी; गर्म सोते, ठण्डे झरने; ऊपर बर्फ़, नीचे कदली वन; एक छोटे से भूखण्ड में अनेक विरोधों का निर्वाह करता हुआ इज़ू प्रदेश ही ऐसा देखा जो मेरे दिवा-स्वप्नों की प्रायः सब शर्तें पूरी कर देता है।) अगर वह देश में होता—या उसपर रहने वाले हिन्दी-भाषी होते, तो सचमुच वहाँ जा बसता!—क्योंकि पहाड़ और सागर की तरह हिन्दी भी मेरे दिवा-स्वप्नों का अंग रहती है : पहाड़ के पास रहूँगा, सागर के पास रहूँगा और हिन्दी में रहूँगा...।

—भवन्ती पृ. 109

2. अंतरा (1972) से

(जापान-यात्रा—हेमन्ती दिन : कुहरा : ढलते दिन में एकाएक धूप। रेल से फ़ूजीयामा दीख गया।)

रूई के गाले में
धरा हुआ
कोयला दिन-भर
राख से ढँका रहा
साँझ में
सुलगने लगा।

'पहाड़ के लिए फतुही' (कि पहाड़ को ठण्ड न लगे)—
जापानी लोक-गीत की एक पंक्ति।

पहाड़ के लिए फतुही :
नदी के लिए भाप-स्नान
मेरे लिए?
—मैं, बस, ओढ़े रहूँ तुम्हारा गान! तुम्हारा गान!

The quilted velvet sweep of autumn tea-bushes.

छोटी-छोटी घाटियों में चाय के कटे-छँटे पौधों की पाँतें : डोरेदार हरी मखमली लखनवी एकलाइयाँ।–और नारंगियों से लदे पेड़–हर जगमग नारंगी जैसे एक डाल से बँधी मनौती...या उत्सर्ग कर दिया गया सपना?

–अन्तरा, पृ. 54-55

3. आत्मनेपद/आत्मपरक (1960/62) से

(क) थिर हो गयी पत्ती

वर्षों पहले की बात है, मेरे एक बड़े भाई का विवाह गौरैया चिड़िया से हुआ था। बात यों हुई कि भाई मंगली थे। उन्हें स्वयं ज्योतिष में कितनी श्रद्धा थी यह तो नहीं कह सकता, किन्तु भविष्यत् सम्बन्धियों को ग्रह-भय बहुत था और वे वधू के कल्याण की कोई चेष्टा अधूरी नहीं छोड़ देना चाहते थे। इसीलिए भाई का विवाह पहले गौरैया से हुआ, और हमारी मानवी भौजाई गौरैया की सपत्नी होकर ही आयीं।

इस बात को लेकर हम भाभी को न चिढ़ायें, यह कैसे हो सकता था? हम उनसे प्रायः पूछते कि 'बड़ी भाभी कहाँ हैं?' और उनके यह पूछने पर कि 'कौन भाभी?' तुरन्त उत्तर देते, 'चिड़िया भाभी–और कौन?'

लेकिन वही अकिंचन गौरैया चिड़िया एक दिन मेरा काव्य-गुरु हो जायेगी यह नहीं जानता था। निःसन्देह गौरैया चिड़िया भी यह नहीं जानती। लेकिन द्रोणाचार्य अगर एकलव्य से दोबारा न मिले होते, और दक्षिणा-स्वरूप उसका अँगूठा न कटवा लिया गया होता, तो भी क्या एकलव्य को उनसे मिली हुई प्रेरणा का महत्त्व कम हो जाता? गौरैया गुर्वी ने मुझसे गुरु-दक्षिणा कभी नहीं माँगी, और उनके परिवार के लोग जब-तब जो दो-चार दाने मेरे आँगन से उड़ा ले गये हैं उनके कारण मुझे पाने का सुख ही अधिक मिला है, अदायगी का कोई भाव मेरे मन में नहीं आया। फिर भी गुरु-ऋण को स्वीकार करते हुए उस छह-सात वर्ष की शिक्षा-दीक्षा का भी उल्लेख करना चाहता हूँ जो एक गौरैया चिड़िया से मुझे मिली।

सन् '51 में एक बार अपनी छोटी-सी कोठरी के भीतर बैठा कुछ लिख रहा था। आँगन की ओर के दरवाजे पर चिक पड़ी थी जिसके बाहर मेरे लगाये हुए दो गमले रखे थे। पक्के घरों के मुहल्ले में हरियाली कहीं भी बहुत कम थी; इसलिए मेरे पक्के आँगन के दो-चार गमलों के पौधे चिड़ियों के लिए बड़े आकर्षण की चीज़ थे। दरवाज़े के बाहर गमलों में घी-क्वाँर जाति के दो पौधे लगे हुए थे–उस तप जाने वाले आँगन में अच्छी जाति के पौधे बचते ही नहीं!

लिखते-लिखते न जाने क्यों–शायद दृष्टि-मण्डल की सीमा पर होने वाली

किसी हलचल के बोध से—मैंने सहसा आँख उठाकर चिक के पार पौधे की ओर देखा।

बात कहते देर लगती है। जो घटना देखी उसमें उतनी देर नहीं लगी थी। एक चिड़िया आकर क्वाँर की पत्ती के छोर पर टिकी ही थी कि—शायद मेरी ही तरह चिक के दूसरी पार की हलचल का कुछ आभास पाकर—पत्ती को ठेलती हुई फिर उड़ गयी। मानो उसका बैठने आना, पत्ती को छूना और पकड़ने से भी पहले ठेलकर उड़ जाना अलग-अलग क्रियाओं का क्रम नहीं, एक ही अविभाज्य क्रिया थी। पंजों के और पंखों के धक्के से आहत लम्बी पत्ती दो-एक बार काँपी और क्रमशः स्थिर होती चली।

मेरे चमत्कृत मन में कुछ शब्द जागे। 'कुछ शब्द' इसलिए कहता हूँ कि यद्यपि वे एक पंक्ति से भी लिखे जा सकते थे तथापि मेरे मन में तीन-चार पंक्तियों में विभक्त ही उदित हुए, मानो कविता का एक पद हो :

उड़ गयी चिड़िया :
काँपी, फिर
थिर
हो गयी पत्ती।

घटना और उसकी अनुभूति दोनों इतने ही में सम्पूर्ण हैं। लेकिन क्या उनसे जो भाव मेरे मन में उदित हुआ वह भी इन शब्दों में सम्पूर्ण हो गया? दूसरे शब्दों में इस प्रश्न को यों पूछूँ, कि मन में कविता के-से अनुक्रम में जो शब्द उदित हुए थे, वे क्या सम्पूर्ण कविता थे? या केवल कविता का एक अंश?

घटना को, या इन शब्दों को मैं न भूल सका। कई महीनों तक बार-बार उनसे उलझकर मैंने उन्हें एक कविता में ढाला—इन शब्दों का क्रम ज्यों का त्यों था किन्तु आगे-पीछे कुछ और पंक्तियाँ जोड़ी गयी थीं। और हाँ, चौकिये मत!—'पत्ती' की तुक का भी निर्वाह किया गया था। जब सौभाग्य से उस कविता को छपाने से बच ही गया हूँ तो अब यह बताना आवश्यक नहीं है कि तुक में कौन से शब्द आये थे। जब मैं ही अपने पर हँस सकता हूँ तो दूसरों को अपने पर हँसाना आवश्यक नहीं मानता।

कविता लिखकर एक ओर रख दी गयी। साधारणतया इससे उस अनुभूति को चुक जाना चाहिए था और मूल घटना को स्मृति के क्षितिज से नीचे उतर जाना चाहिए था। लेकिन वैसा नहीं हुआ। वही दृश्य फिर भी बार-बार सामने आता रहा और वे शब्द बार-बार मन को कोंचते रहे। क्योंकि सच बात यह थी कि उस अनुभूति की ललकार अभी चुकी नहीं थी, मैंने जो कविता लिखी थी वह एक प्रकार से धोखा था क्योंकि उसने केवल बुद्धि को तोष दिया था, भाव का रेचन नहीं किया था।

एक बार फिर इसी को लेकर एक और कविता लिखी। कितना सन्तोष है मुझे कि वह भी मैंने छपायी नहीं। उसके बारे में इतना और कह दूँ कि उसमें पत्ती की

तुक निबाहने की कोई चेष्टा मैंने नहीं की थी। यह समझकर कि ऐसी तुक चेष्टित और इसलिए कृत्रिम ही हो सकती है, मैंने उसका मोह छोड़ दिया था। अपनी सुविधा के लिए शब्दों में भी कुछ हेर-फेर कर लिया था—'काँपी, फिर थिर हो गयी पत्ती' का रूप बदलकर 'पत्ती काँप के फिर थिर हो गयी' हो गया था। कहना न होगा कि 'पत्ती' की अपेक्षा 'हो गयी' में अनुप्रास के लिए कहीं अधिक गुंजाइश है! दूसरी कविता तुक की दृष्टि से उतनी दूषित नहीं थी जितनी कि पहली, किन्तु यह साफ़ पहचाना जाता था कि कौन-से शब्द मूल अविभाज्य अनुभूति के हैं और कौन-से बाद में जोड़े हुए। जैसे नक़ली सिक्का चलाना चाहने वाला अच्छे सिक्कों के साथ खोटा सिक्का मिलाकर चलाये जाने पर बराबर आशंकित रहता है, और दूसरों के न पहचान सकने पर भी स्वयं मानो जाली सिक्के को बिल्कुल अलग खड़ा और पुकार-पुकार कर अपना जालीपन घोषित करता हुआ समझता रहता है, उसी तरह मूल अनुभूति से सम्बद्ध शब्दों को छोड़कर बाक़ी शब्द मुझे पुकार-पुकार कर कहते जान पड़ते थे कि 'देखो, देखो, यह कितना बड़ा धोखा कवि कर रहा है—हम बगुलों को रँगकर इन हंसों के साथ बिठा रहा है!

दक्षिण के एक कवि के बारे में किंवदन्ती है कि उसकी मृत्यु के बाद उसके अधूरे काव्य की पूर्ति करने कालिदास बैठे थे तो उन्हें स्वप्न में दर्शन देकर सरस्वती ने टोका था : 'मेरे वरद पुत्र के सोने के तार से बुने हुए पट में तू अपने कच्चे सूत का धागा मत मिला।' और इससे अप्रतिम होकर कालिदास ने अधूरा काव्य अधूरा ही छोड़ दिया था। लेकिन वह तो दो कवियों की प्रतिस्पर्धा की बात थी, यहाँ तो 'स्वर्ण-पट' भी उसी का था जिसका कि कच्चा सूत!

जो हो! वह अनिष्पन्न, अनुभूति, और उसके साथ-साथ अपूर्ण कृतित्व की कसक वर्षों तक बनी रही। मेरी कापी में लिखे हुए ये कुछ शब्द मेरे साथ-साथ कई देश घूम आये और कई वर्षों का व्यवधान पार कर आये। न उनकी ललकार कम हुई, न उनके आह्वान का कोई सन्तोषजनक उत्तर मैं दे सका। कहूँ कि मेरी काव्य-शिक्षा पूरी नहीं हुई, यह पहचानकर मेरी काव्य-गुर्वी गौरैया ने मेरा पीछा नहीं छोड़ा और मुझे बार-बार मेरी अधूरी तपस्या का उलाहना देती रही।

सन् 57 की गर्मियों में जापान जाने का सुयोग हुआ। जापानी साहित्य थोड़ा-बहुत पहले भी पढ़ा था और यूरोपीय काव्य और चित्रकला पर जापानी काव्य और चित्रकला के प्रभाव की बात भी मेरी अनजानी नहीं थी। लेकिन तब से लगातार कुछ महीनों तक बहुत-सा जापानी साहित्य पढ़ता रहा। विशेषतया जाड़ों में जापान के सुन्दर प्राकृतिक स्थलों में अकेले घूमते या रहते हुए जापानी काव्य में गहरे उतरने का पर्याप्त अवसर मिला। इतना ही नहीं, जापान की विशेष साधना-पद्धति (ज़ेन, ध्यान) के सिद्धान्तों से भी परिचय हुआ और धीरे-धीरे यह दीखने लगा कि किस प्रकार इस विशेष दर्शन ने जापानी कविता को ही नहीं, बल्कि कुछ वर्ष पहले तक के समूचे जापानी

जीवन को कितना प्रभावित कर रखा था।

मेरी कॉपी की वह अधूरी कविता अब भी मेरे साथ थी। मैं जब-तब जापानी लघु मुक्तक 'हाइकू' के संग्रह उठाकर पढ़ता और कुछ-एक मुक्तक पढ़ने के बाद आप्यायित भाव से पुस्तक एक ओर रखकर बैठा सोचता रहता...कभी-कभी अपनी कॉपी उठाकर उसके पन्ने उलटता और गौरैया चिड़िया वाली कविता पर आकर रुक जाता... ।

ज़ेन साधना-पद्धति का एक अंग है 'कोआन्' अथवा पहेली। यद्यपि इसे पहेली कहना पर्याप्त नहीं है क्योंकि इसका कोई एक बँधा हुआ उत्तर नहीं होता, हर साधक उसके लिए अपना विशिष्ट उत्तर पाता है। पहेलियों का उद्देश्य ही साधक को बँधे-बँधाये उत्तर के पूर्वग्रह से मुक्त करना होता है। यद्यपि पूर्वग्रह से मुक्त करने के लिए गुरु आवश्यक होता है, तथापि गुरु स्वयं एक पूर्वग्रह और साधक को गुरु से कुछ पाने की अपेक्षा से भी मुक्त होना होता है...साधक के भीतर यथासमय कभी एक उन्मेष ('सातोरी') होता है, और तीखे शुभ्र प्रकाश में वह पा लेता है पहेली का उत्तर—अभूतपूर्व, अद्वितीय और एक—मात्र असम्पृक्त उत्तर, जो इतना निःसंग है कि स्वयं पहेली से भी कोई सम्बन्ध नहीं रखता—गुरु से या परम्परा से सम्बन्ध की बात तो दूर!

इन सब बातों का सन्दर्भ देने में खतरा है, यह मैं जानता हूँ। किसी विशेष साधना-पद्धति का मेरा कोई दावा नहीं है—न किसी विशेष उन्मेष अथवा उपलब्धि की बात मुझे कहनी है। ज़ेन के इतिहास और जापानी काव्य पर ज़ेन विचार-पद्धति के प्रभाव का इतिहास कहीं पृष्ठभूमि में ही रहा। मुझे उसका लाभ हुआ तो यही कि काव्य-सम्बन्धी बहुत से पूर्वग्रह मुझसे झरते रहे, उनकी धुन्ध से अवरूद्ध मेरी दृष्टि मेरे अनजाने ही स्पष्ट होती रही।

अनन्तर जापान से लौट आया। कई जापानी कविताओं का अनुवाद किया था; उन्हें क्रमबद्ध कर के रख दिया और दूसरे देशों के साहित्यों की ओर प्रवृत्त हुआ।

फिर एक दिन अचानक अपनी कॉपी उठाई और गौरैया चिड़िया वाली पंक्तियों को मूल रूप से एक नये पृष्ठ पर लिखा; ऊपर शीर्षक दे दिया 'चिड़िया की कहानी'। फिर एक बार शीर्षक-युक्त पंक्तियों को देखा और सहसा पहचान लिया कि यह कविता है—कि इतनी ही कविता है और मैं जो कुछ उसमें जोड़ने का मोह कर रहा था वह अधिक से अधिक व्याख्या हो सकता था—नहीं तो वह भी नहीं, निरा कूड़ा ही रह जाता।

मेरे मन के भीतर जो चिड़िया वर्षों से उड़ती-उड़ती भी उड़ नहीं पायी थी और पत्ती को वर्षों से काँपता ही छोड़ गयी थी, उस दिन सहसा उड़ गयी। काँपती हुई पत्ती थिर हो गयी।

मैं मानता हूँ कि उस दिन अपने काव्य-शिक्षण का एक सोपान मैं पार कर गया।

आप इसे मानें या ना मानें, आपको पूरा अधिकार है। गौरैया चिड़िया मेरी गुरु थी, आप को वैसा गुरु न मिला हो तो उसमें मेरा क्या दोष है? मिला भी होता तो इस सम्प्रदाय के गुरु की शिक्षा किन्हीं दो शिष्यों के लिए कभी एक-सी नहीं होती—क्या जाने उसी पत्ती से उड़ती हुई वही चिड़िया आप को क्या सिखा जाती! किन्तु मेरी एक यात्रा पूरी हुई, इसके लिए मैं गुरु स्थानीया गौरैया को प्रणाम करता हूँ।

(ख) मैं क्यों लिखता हूँ?[1]

मैं क्यों लिखता हूँ? यह प्रश्न बड़ा सरल जान पड़ता है, पर बड़ा कठिन भी है। क्योंकि इसका सच्चा उत्तर लेखक के आन्तरिक जीवन के कई स्तरों से सम्बन्ध रखता है, और उन सब को संक्षेप में कुछ वाक्यों में बाँध देना आसान तो नहीं ही है, न जाने सम्भव भी है या नहीं। इतना ही किया जा सकता है कि उनमें से कुछ का स्पर्श किया जाये—विशेष रूप से ऐसों का जिन्हें जानना दूसरों के लिए उपयोगी हो सकता है।

एक उत्तर तो यह है ही कि मैं इसीलिए लिखता हूँ कि स्वयं जानना चाहता हूँ कि क्यों लिखता हूँ—लिखे बिना इस प्रश्न का उत्तर नहीं मिल सकता है। वास्तव में सच्चा उत्तर यही है। लिखकर ही लेखक उस आभ्यन्तर विवशता को पहचानता है जिसके कारण उसने लिखा—और लिखकर ही वह उससे मुक्त हो जाता है। मैं भी उस आन्तरिक विवशता से मुक्ति पाने के लिए, तटस्थ होकर उसे देखने और पहचान लेने के लिए लिखता हूँ। मेरा विश्वास है कि सभी कृतिकार—क्योंकि सभी लेखक कृतिकार नहीं होते, न उनका सब लेखन कृति होता है—सभी कृतिकार इसीलिए लिखते हैं। यह ठीक है कि कुछ ख्याति मिल जाने के बाद कुछ बाहर की विवशता के कारण भी लिखा जाता है—सम्पादकों के आग्रह से, प्रकाशक के तकाज़े से, आर्थिक आवश्यकता से। पर एक तो कृतिकार हमेशा अपने सम्मुख ईमानदारी से यह भेद बनाये रखता है कि कौन-सी कृति भीतरी प्रेरणा का फल है, कौन-सा लेखन बाहरी दबाव का; दूसरे यह भी होता है कि बाहर का दबाव वास्तव में दबाव नहीं रहता, वह मानो भीतरी उन्मेष का निमित्त बन जाता है। यहाँ पर कृतिकार के स्वभाव और आत्मानुशासन का महत्त्व बहुत होता है। कुछ ऐसे आलसी जीव होते हैं कि बिना इस बाहरी दबाव के लिख नहीं पाते—इसी के सहारे उनके भीतर की विवशता स्पष्ट होती है...यह कुछ वैसा ही है जैसे प्रातःकाल नींद खुल जाने पर कोई बिछौने पर तब तक पड़ा रहे जब तक कि धड़ी का अलार्म न बज जाये। इस प्रकार वास्तव में कृतिकार बाहर के दबाव के प्रति समर्पित नहीं हो जाता है, उसे केवल एक सहायक यन्त्र की तरह काम में लाता है जिससे भौतिक यथार्थ के साथ उसका

---

1. यह वार्ता नेपाल रेडियो के लिए लिखी गयी थी और काठमाण्डू से प्रसारित भी हुई थी।

सम्बन्ध बना रहे। मुझे इस सहारे की जरूरत नहीं पड़ती, लेकिन कभी उससे बाधा भी नहीं होती। उठने वाली तुलना को बनाये रखूँ तो कहूँ कि सवेरे उठ जाता हूँ अपने-आप ही, पर अलार्म भी बज जाये तो कोई हानि नहीं मानता।

यह भीतरी विवशता क्या होती है? इसे बखानना बड़ा कठिन है। क्या वह नहीं होती, यह बताना शायद कम कठिन होता है। यहा उसका उदाहरण दिया जा सकता है—कदाचित् वही अधिक उपयोगी होगा। अपनी एक कविता की कुछ चर्चा करूँ जिससे मेरी बात स्पष्ट हो जायेगी।

मैं विज्ञान का विद्यार्थी रहा हूँ, मेरी नियमित शिक्षा उसी विषय में हुई। अणु क्या होता है, कैसे हम रेडियम-धर्मी तत्त्वों का अध्ययन करते हुए विज्ञान की उस सीढ़ी तक पहुँचे जहाँ अणु का भेदन सम्भव हुआ, रेडियम-धर्मिता के क्या प्रभाव होते हैं—इन सबका पुस्तकीय या सैद्धान्तिक ज्ञान तो मुझे था। फिर जब हिरोशिमा में अुण-बम गिरा, तब उसके समाचार मैंने पढ़े, और उसके परवर्ती प्रभावों का भी विवरण पढ़ता रहा। इस प्रकार उसके घातक प्रभावों का ऐतिहासिक प्रमाण भी सामने आ गया। विज्ञान के इस दुरुपयोग के प्रति बुद्धि का विद्रोह स्वाभाविक था, मैंने लेख आदि में कुछ लिखा भी। पर अनुभूति के स्तर पर जो विवशता होती है वह बौद्धिक पकड़ से आगे की बात है, और उस की तर्कसंगति भी अपनी अलग होती है। इसलिए कविता मैंने इस विषय में नहीं लिखी। यों युद्धकाल में भारत की पूर्वीय सीमा पर देखा था कि कैसे सैनिक ब्रह्मपुत्र में बम फेंककर हजारों मछलियाँ मार देते थे जब कि उन्हें आवश्यकता थोड़ी-सी होती थी, और जीव के इस अपव्यय से जो व्यथा भीतर उमड़ी थी उससे एक सीमा तक अणु-बम द्वारा व्यर्थ जीव-नाश का अनुभव तो कर ही सका था।[1]

पिछले वर्ष जापान जाने का अवसर मिला, तब हिरोशिमा भी गया और वह अस्पताल भी देखा जहाँ रेडियम-पदार्थ से आहत लोग वर्षों से कष्ट पा रहे थे। इस प्रकार प्रत्यक्ष अनुभव भी हुआ—पर अनुभव से अनुभूति गहरी चीज है, कम से कम कृतिकार के लिए। अनुभव तो घटित का होता है, पर अनुभूति संवेदना और कल्पना के सहारे उस सत्य को आत्मसात् कर लेती है जो वास्तव में कृतिकार के साथ घटित नहीं हुआ है। जो आँखों के सामने नहीं आया, जो घटित के अनुभव में नहीं आया, वही आत्मा के सामने ज्वलन्त प्रकाश में आ जाता है, तब वह अनुभूति-प्रत्यक्ष हो जाता है।

तो हिरोशिमा में सब देखकर भी तत्काल कुछ लिखा नहीं, क्योंकि इसी अनुभूति-प्रत्यक्ष की कसर थी। फिर एक दिन वहीं सड़क पर घूमते हुए देखा कि एक

---

1. इसकी एक प्रक्रिया **इन्द्रधनु रौंदे हुए ये** संग्रह की 'इतिहास की हवा' नामक कविता में है। उसकी रचना-प्रक्रिया भी यहाँ कही गयी बातों की पुष्टि ही करेगी।

जले हुए पत्थर पर एक लम्बी उजली छाया है—विस्फोट के समय कोई वहाँ खड़ा रहा होगा और विस्फोट से बिखरे हुए रेडियमधर्मी पदार्थ की किरणें उससे रुद्ध हो गयी होंगी—जो आस-पास से आगे बढ़ गयीं उन्होंने पत्थर को झुलसा दिया, जो उस व्यक्ति पर अटकीं उन्होंने उसे भाप बनाकर उड़ा दिया होगा। इस प्रकार समूची ट्रेजेडी जैसे पत्थर पर लिखी गयी...

उस छाया को देखकर जैसे एक थप्पड़-सा लगा। अवाक् इतिहास जैसे भीतर कहीं सहसा एक जलते हुए सूर्य-सा उग आया और डूब गया। मैं कहूँ कि उस क्षण में अणु-विस्फोट मेरे अनुभूति-प्रत्यक्ष में आ गया—एक अर्थ में मैं स्वयं हिरोशिमा के विस्फोट का भोक्ता बन गया।

इसी में से वह विवशता जागी : भीतर की आकुलता बुद्धि के क्षेत्र से बढ़कर संवेदना के क्षेत्र में आ गयी। फिर धीरे-धीरे मैं उससे अपने को अलग कर सका, और अचानक एक दिन मैंने हिरोशिमा पर कविता लिखी[1]—जापान में नहीं, भारत लौटकर, रेलगाड़ी में बैठे-बैठे।

वह कविता अच्छी है या बुरी, इससे मतलब नहीं है। मेरे निकट वह सच है, क्योंकि वह अनुभूति-प्रसूत है, यही मेरे निकट महत्त्व की बात है। मैं कहूँ कि कृतिकार या कवि जब सत्य से ऐसा भीतरी साक्षात् करता है तब मानो वह एक बलि-पुरुष की तरह देवताओं का मनोनीत हो जाता है। और काव्य-कृति ही उसका आत्म-बलिदान है, जिसके द्वारा वह देवताओं से उऋण हो जाता है। यही देवता से उऋण होने की छटपटाहट वह विवशता है जो लिखाती है—फिर वह ऋण-परिशोध तत्काल हो जाये या वर्षों बाद—यह दूसरी बात है। इस क्रिया पर भी मैंने एक कविता लिखी है : स्वाति की बूँद सीपी का मर्म बेध जाती है, फिर वर्षों में मोती पकता है....।[2]

1. **अरी ओ करुणा प्रभामय** में 'हिरोशिमा' शीर्षक कविता।
2. **इन्द्रधनु रौंदे हुए ये** में 'सर्जना के क्षण'

4. 'नया प्रतीक', अंक 10, 1975, जापानी साहित्य विशेषांक से विलियम बटलर येट्स द्वारा लिखित 'नो नाटक : एक भूमिका', अज्ञेय द्वारा हिन्दी अनुवाद

(अप्रैल 1916 में एजरा पाउंड और एर्नेस्ट फ़ेनोलोसा द्वारा अनूदित-सम्पादित कुछ नो नाटकों के लिए येट्स ने एक बड़ी महत्त्वपूर्ण भूमिका लिखी थी। जैसा कि स्वयं येट्स ने भूमिका के आरम्भ में स्वीकार किया था, उनके नो नाटकों की ओर आकृष्ट होने का कारण यह था कि 'उनके मत से इन का आज नहीं तो कल आयरलैण्ड के लिए विशेष महत्त्व होगा।' भूमिका में उन्होंने आयरी रंगमंच के लिए नो परम्परा की प्रयोजनीयता पर बल देते हुए स्वयं अपनी नाटक-रचना के लिए नो के महत्त्व को स्वीकार किया था। येट्स के पाठक उनकी कुखूलेन नाटक-शृंखला की संरचना समझने के लिए इस समूची भूमिका को अमूल्य पायेंगे; यहाँ हम उसका वह अंश छोड़ रहे हैं जो आयरलैण्ड के नाट्य-आन्दोलन पर नो के प्रभाव से सम्बन्ध रखता है और केवल वही अंश प्रस्तुत कर रहे हैं जो नो का परिचय देता और उसके वैशिष्ट्य को प्रकाशित करता है। नाट्यधर्मी और लोकधर्मी, रंगमंच पर यथार्थ तत्त्व और काव्य-तत्त्व के प्रस्तुतीकरण के सम्बन्ध में येट्स की सूक्ष्म दृष्टि आज भी उन्मेषकारी है।)

सभी कल्पनामूलक कलाएँ एक दूरी पैदा करती हैं : एक बार निर्धारित हो जाने पर संसार के दबाव के समक्ष इस दूरी का दृढ़तापूर्वक निर्वाह करना होता है। नाटकीय घटना के साथ पद्य, कर्म-व्यापार, संगीत, नृत्य आदि के लिए आवश्यक होता है कि अंग-भंगी, मुख-मुद्रा, आहार्य अभिनय और मंच-व्यवस्था, सभी इस दूरी के निर्वाह में योग दें। हमारी कल्पनारहित कलाएँ तो हमारी जानी-पहचानी दुनिया का एक अंश ज्यों का त्यों लेकर रख देने में सन्तुष्ट हो जाती हैं—मानो एक फ़ोटो लेकर सादे या जड़ाऊ चौखटे में बिठा दिया गया हो। लेकिन जिन कला-रूपों में मेरी रुचि है उनमें एक और तो ऐसा जान पड़ता है कि कुछ चरित्रों, बिम्बों, प्रतीकों का एक समूह संसार से और स्वयं हमसे अलग कर के रखा गया है, पर दूसरी ओर वे हमें कुछ क्षणों के लिए मन की उन गहराइयों में उतार ले जाती हैं जिनमें हम तब तक उनकी सूक्ष्मता के कारण प्रवेश नहीं पा सके थे। और मन की गहराई में प्रवेश क्योंकि केवल उसी राह में पाया जा सकता है जो चरम रूप से मानवीय हो, इससे हमें शारीरिक दूरी, यन्त्रों के उपयोग और ऊँचे शब्दों से सतर्क रहना चाहिए। यह अच्छा ही होगा कि इसकी शिक्षा के लिए हम एशिया की ओर जायें, क्योंकि यूरोप में तो केवल उपकरणों की कठिनाइयों के कारण ही हम कला में जीवन से इतनी दूर चले आये हैं। अर्ध-एशियाई ग्रीस में भी कालिमाखोस के लिए सम्भव था कि

फिदियास के प्रकृतवाद के बाद फिर मूर्तियों में वेश-भूषा को रीति के अनुशासन में ला सके। इसी प्रकार इसी युग के मिस्र में भी जहाँ एक ओर ग्राम-समाज के मुखिया की कब्र के लिए उसकी सम्पूर्ण प्रकृत काष्ठ प्रतिमूर्ति बनायी जाती थी, वहाँ सार्वजनिक स्थानों में प्रतिष्ठित महाकाव्य प्रतिमाओं के सूत्र-प्रमाण सिद्ध करते हैं कि उनके पीछे एक पुष्ट रीति, लक्षण-शास्त्र और दर्शन-परम्परा थी। (यूरोप की) चौदहवीं शती की आध्यात्मिक कला के बदले तिन्तोरेत्तो की, बेलास्केज के बदले आधुनिक चित्रकला आ गयी; इनसे जो लाभ हुआ उसके साथ जो क्षति भी हुई उसकी ओर हमारा ध्यान नहीं गया। किन्तु जापान ने यह अच्छी तरह समझा कि कोई भी रीति, जिसने कभी भी संस्कारवान् कल्पना को तुष्टि दी कभी अपना महत्त्व नहीं खोती, और विषय के अनुसार ही शैली अथवा रीति चुनती रहती है। हमने साहित्य में भी परिवर्तन और प्रगति का भ्रम पाला है क्योंकि शेक्सपीयर के बाद ड्राइडेन की कला आयी और फिर गद्य नाटक आया; और ब्योरे में जाने पर यह अविच्छिन्न प्रगति का क्रम जान पड़ता है। यदि हम ग्रीक हुए होते—और इसलिए केवल अर्ध-यूरोपीय होते—तो एक शालीन भीड़ ने उस आदमी को सूली चढ़ा दिया होता जिस ने पहले-पहल रँगे हुए पट-दृश्य का आविष्कार किया, या जिसने शिकायत की कि एकालाप या स्वगत भाषण अस्वाभाविक होते हैं। (यह बलिदान व्यर्थ हुआ होता, वह दूसरी बात है।) केवल हमारा गीति-काव्य अपना एशियाई संस्कार बनाये रख सका है और क्रान्तियों की उस शृंखला से निरन्तर बचता रह सका है जिसे प्रगति का नाम दिया जाता है।

इसलिए यह स्वाभाविक है कि मैं मंचीय रीतियों के लिए, और शैलीगत भाव-भंगिमाओं के लिए एशिया की ओर देखूँ। इतना ही नहीं, वहीं ऐसा वाचक वृन्द (कोरस) भी खोजूँ जो केवल वाचक है, नाटकीय घटना में भाग नहीं लेता; कदाचित् वहीं यह भी पाऊँ कि आंगिक अभिनय में भी चौदहवीं शती की पुतलियों का अनुसरण किया गया है। (उसी के प्रमाण से) मैं साधारण मंचीय अभिनेता के चेहरे या उसी चेहरे के रँगे-पुते संस्करण के बदले किसी महान् मूर्तिकार द्वारा निर्मित मुखौटे का उपयोग कर सकूँगा; दर्शक-समाज को घटना-व्यापार के इतना निकट ला सकूँगा कि अभिनेता के स्वर का सूक्ष्मतम कम्पन उस तक पहुँच सके। कोई कितना भी निकट से क्यों न देखे, मुखौटा कभी रँगा हुआ चेहरा नहीं लगता, हमेशा एक कलाकृति ही रहता है। मुख-मुद्रा न देख पाने से भी दर्शक की कोई क्षति न होगी, क्यों कि गहरे भाव चेहरे से नहीं, समूचे शरीर की भंगिमा से प्रकट होते हैं। काव्यमय चित्रों में, मूर्तियों में, चेहरा इससे अधिक उदात्त ही दीखता है कि उस पर वे सब आकर्षण नहीं होते जिन्हें हमारे यथार्थवादियों की प्रिय शब्दावली में 'जीवन्तता' कहा जाता है। यह भी सम्भव है कि वास्तविक सत्ता निर्जीव पदार्थ में ही पूरी तरह दर्शायी

जा सकती है; तभी तो हम स्फ़िक्स अथवा बुद्ध की प्रतिमा को देखकर इतने भाव-विभोर हो जाते हैं। प्रिंस इगोर में चालियापिन द्वारा प्रस्तुत की गयी मुगल सम्राट् की भूमिका कौन भूल सकता है, जिसमें अभिनेता के चेहरे का ऊपरी हिस्सा मुखौटे से ढका था; और जो मानो इसी कारण एक हज़ार वर्ष के जीवन के बाद अग्नि-समाधि की प्रतीक्षा करते भृंगराज पक्षी की-सी भव्यता पा गया था? चेहरे की गतिहीनता से क्या उसकी शक्ति और प्रभविष्णुता बढ़ी ही नहीं थी?

यथार्थवाद की सृष्टि जनसाधारण के लिए हुई और वह हमेशा उन्हीं को तृप्ति देता रहा है। आज भी उसका आकर्षण उन्हीं के लिए है जिनकी शिक्षा-दीक्षा केवल स्कूल-मास्टरों और अखबारों के द्वारा हुई है और जिनमें सौन्दर्य अथवा भाविक सूक्ष्मता की कोई स्मृति नहीं बची है। एलिजाबेथ कालीन ट्रेजडी का प्रभाव गहरा करने के लिए उसमें यदा-कदा जो हास्य-प्रेरक यथार्थवाद लाया जाता था—उदाहरण के लिए क्लियोपात्रा का साँप लेकर आता हुआ वृद्ध—और जो विरोध के आधार पर ट्रैजिक संघात को और गहरा कर कार्नेय् के दरबारी नाटक से कहीं ऊपर उठा देता था—वह आरम्भ में केवल रंगशाला के नीचे फ़र्श पर टिके साधारण दर्शक को परचाने के निमित्त से था; बाकी सारा महत्त्वपूर्ण वाचिक अंश कवियों के द्वारा उन सहृदयों के लिए ही रचा जाता था जो चँदोवे के नीचे बैठते थे। कट्टर मतवादी सैवोनारोला की यह शिकायत, कि 'सारे यूरोप में चर्च अथवा राज्यों के सभी शासक पूरी तरह ललित कलाओं में ही डूबे हुए हैं', एक हद तक सही थी। कोई भी काव्यमय संवाद, अच्छी संस्कारवान् स्मृति के बिना समझा ही नहीं जा सकता; प्राचीन चित्र-कला शैली की भाँति एक परम्परा की माँग करता है, और वह भी केवल पौराणिक उल्लेखों वाले स्थलों के कारण नहीं, अपनी शब्दावली में भी, लय-ताल में भी...कान के लिए यह आवश्यक होता है कि परिचित शब्दों और पुरानी लय-गति से सूक्ष्म अन्तर लक्ष्य करे, काव्य-शैली का वह अभिजात संस्कार पहचाने जिसमें कोई दिखावा नहीं है, कोई भोंडापन नहीं है—जिसे नव-धनिक और पत्रकार की साँस छू नहीं गयी है...

लोक-रंजन की कलाएँ अवश्य ही अधिक सम्पूर्ण यथार्थवाद की ओर बढ़ें—उनकी ईमानदारी उसी में होगी। व्यवसायी कला अपने समझौतों, अपने अधूरेपन, अपने मिथ्या आदर्शवाद और अपने पाखण्ड से केवल विकृति ही पैदा करती। अज्ञान से सौन्दर्य नहीं समझा जाता। छोटे समाजों और प्रेक्षागारों में हम सच्चे सौन्दर्य का रंगमंच प्रस्तुत करें। कीट्स और ब्लेक के समय से ही सत्कवि अपनी परम्परा शेक्सपीयर के उस अंश में खोजते रहे हैं जो सबसे कम लोकप्रिय है, सबसे कम वक्तृत्वमय है; ऐसे ही रंगमंच में वे अपना स्थायी समाज पा सकेंगे और अपनी स्वतन्त्रता बनाये रख सकेंगे। यूरोप बहुत पुराना हो गया है, उसने बहुत-सी कलाओं को अपने विकास का वृत्त पूरा करते देख लिया है, हर फूल का फल देख लिया है और समझ लिया है कि किस फल-बीज से कौन पौधा फूटता है। अब समय आ

गया है कि हम पूर्व का अनुकरण करें और संकल्पपूर्वक जियें।

जापान का नो नाटक चौदहवीं शती के अन्त में प्रतिष्ठित हुआ। उसमें कई धाराएँ आ मिली थीं : शिन्तो मन्दिरों में देवताओं और प्रेतात्माओं के सम्मान में रचे गये नृत्य, दरबारी नृत्य और काव्य-वाचन, बहुत-सा प्राचीन-काव्य, प्रगीत उसकी दार्शनिक भूमि और अन्तिम परिष्कार कदाचित् बौद्ध ध्यान सम्प्रदाय की देन थी। प्राचीन राजधानी नारा का एक सामन्त, चॉसर का समकालीन, अनेक नाटकों का रचयिता रहा—या यह भी सम्भव है कि वह केवल उनका सूत्रधार रहा हो। जो हो, क्योतो में शोगुन के दरबार में इन नाटकों को लाने का श्रेय उसी को है। तभी से शोगुन और उसके दरबारियों की दृश्य काव्य में वैसी ही प्रबल रुचि हो गयी जैसी मिकाडो और उसके दरबार की गीति-काव्य में रही। लन्दन में जब हैमलेट पहली बार खेला जा रहा था, तब नो नाटक क्योतो दरबार के विधि-उपचार का अनिवार्य अंग बन चुका था; राजकुमारों और युवा सामन्तों को—जिनके लिए जापान का प्रकृतवादी लोकधर्मी नाटक और बहुरूपिया लोक-रंगमंच निषिद्ध था—उस दृश्य-काव्य को देखने और उसमें भाग लेने के लिए प्रोत्साहित किया जाता था जिसमें भाषा, संगीत, गान और नृत्य सब मिलकर एक अपूर्व सौन्दर्य और आभिजात्य से भरी रचना प्रस्तुत करते थे। आधुनिक क्रान्ति के बाद थोड़े समय की उपेक्षा के बाद नो फिर कुछ औपचारिक सार्वजनिक मंचों पर प्रस्तुत किया जाने लगा, और 1897 में एक प्रसिद्ध नाटक के नाम पर एक नये युद्ध-पोत का नाम **ताकासागो** रखा गया। पुराने अभिजात घरानों में से कई आज अत्यन्त निर्धन हो गये हैं और उनके परिजन आज मजदूरी या घर की नौकरी करते होंगे, पर इस रंगमंच से उनका लगाव आज भी है। नो शब्द का अर्थ ही है कला अथवा संस्कार, और यह कला, यह संस्कार उनकी और उन जैसे इने-गिने संस्कृत व्यक्तियों की निजी सम्पत्ति है जो इसकी साहित्यिक और पौराणिक व्यंजनाएँ समझते हैं; इसके वाचिक अथवा वृन्द-वाचन में प्रयुक्त प्राचीन काव्य की अनुगूँज पहचानते हैं। यही उनका अनुशासन और उनकी संस्कृति है। स्वयं अभिनेता भी लोक-मंच के नटों से सर्वथा भिन्न है; पीढ़ी-दर-पीढ़ी वे अपनी इस अत्यन्त विकसित कला को धरोहर की भाँति सँभालते आये हैं और आज भी अभिनेता अपनी योग्यता के प्रमाण में अपने घराने का उल्लेख आवश्यक समझता है। सन् 1906 में एक अभिनेता ने एक व्यावसायिक परिपत्र में इस बात का उल्लेख किया था—मैं यह सूचना पाउंड द्वारा सम्पादित 'फ़ेनोलोसा की टिप्पणियाँ' से ले रहा हूँ—कि सामन्ती परम्परा की तीस पीढ़ियों के बाद उसके परिवार की एक स्त्री ने स्वप्न देखा कि स्वर्ग से एक मुखौटा उसके समीप लाया गया है; कुछ ही समय बाद उसने एक पुत्र जना जो कालान्तर में अभिनेता बना और अभिनेताओं के घराने का आदि-पुरुष हुआ। परिपत्र के अनुसार उसके घराने में अब भी पन्द्रहवीं शती का एक पत्र सुरक्षित था जिसके अनुसार मिकाडो ने उस घराने को एक पारम्परिक परदा

बक्शा था—अधो भाग सफेद, ऊपर का हिस्सा बैंगनी।

इन अभिनेताओं के पाँच घराने थे। क्रान्ति से पहले उन्हें सार्वजनिक अभिनय की मनाही थी, इसलिए आजीविका के लिए उन्हें जागीर अथवा सरकारी वृत्तियाँ मिलती थीं। सफ़ेद और बैंगनी परदा अभिनेताओं के पीछे दीवार पर, अथवा प्रवेश-द्वार पर टाँगा जाने के लिए था, क्योंकि नो के मंच के तीन पार्श्व तो दर्शकों से घिरे होते हैं। कोई 'प्रकृत' या यथार्थवादी प्रभाव अभीष्ट नहीं होता। अभिनेता मुखौटे पहनते हैं और उनके अंग-संचालन का आधार पुतली-मंच होता है। जापान के सर्वाधिक प्रसिद्ध नाटककार ने पुतली-मंच के लिए नाटक लिखे। एक द्रुत अथवा धीमी गति, एक दीर्घ अथवा स्वल्प विश्राम और फिर एक गति। अभिनेता बोलते भी हैं और गाते भी हैं; एक वृन्द (कोरस) होता है जो दृश्य का वर्णन और औरों का निदर्शन करता है पर ग्रीक कोरस की भाँति कभी नाटकीय घटना में भाग नहीं लेता। चरम क्षण में प्रकृत आवेगों की अराजकता के बदले एक नृत्य होता है : इसकी भंगियाँ और चारियाँ युद्ध भी निदर्शित कर सकती हैं, विवाह भी, प्रेत-लोक की यातना भी...मैंने इधर जापानी अभिनेताओं के साथ इन नृत्य-गतियों का अध्ययन किया है; मैंने पाया है कि उनका सौन्दर्य का आदर्श ग्रीस के सर्वथा प्रतिकूल लेकिन जापानी-चीनी चित्रकला के अनुरूप है—उनके विश्राम के स्थल स्नायविक तनाव के क्षण होते हैं। आकर्षण का केन्द्र मानवीय आकार नहीं बल्कि वह ताल-प्रमाण होता है जिसमें आकार गतिमान् होता है; उनकी कला की विजय इसमें है कि उस ताल की सम्पूर्ण सघनता को अभिव्यंजित कर सकें। हमारे नृत्य का सौन्दर्य बाँहों अथवा शरीर की जिन झूमती गतियों पर निर्भर करता है, उनका यहाँ अभाव होता है। शरीर के ऊपरी भाग को निरन्तर अचल रखते हुए वे गति का संचालन कटि से करते हैं; उनकी हर मुद्रा और भंगी का सम्बन्ध किसी स्पष्ट विचार से होता है। मंच के पार वे सरकती हुई गति से जाते हैं, जिसका प्रभाव लहर का-सा न होकर सीधी रेखाओं का होता है।

ब्रिटिश म्यूज़ियम का प्रिंट रूम इन दिनों युद्ध-जन्य अर्थ-संकोच के कारण बन्द कर दिया गया है, इसलिए मैं स्मृति के आधार पर ही वहाँ संगृहीत उन रंगमंचीय चित्रों का उल्लेख कर सकता हूँ जिनमें बेंत के पिंजर से जहाज अथवा गमले के पौधे से वृक्ष संकेतित किये गये हैं, और जिनमें अभिनेताओं ने अपने मुखौटे रंगीन फीतों से सिर के पीछे बाँध रखे हैं। मानो बच्चों का खेल है जो उदात्ततम काव्य बन गया है; जीवन का पर्यवेक्षण वहाँ नहीं है क्योंकि कवि हमारे सामने वही सब कुछ रखना चाहता है जिसे हम मौन के क्षणों में भोगते और सोचते हैं।

फ़ेनोलोसा की पांडुलिपियों में एज़रा पाउंड की एक कथा भी मिली है जो जापानी अभिनेताओं में परम्परा से चली आयी है। जापान के किसी शहर की गली में एक युवक एक वृद्ध जापानी महिला के पीछे-पीछे चल रहा था; थोड़ी देर बाद वृद्धा ने

मुड़कर पूछा, 'मेरे पीछे क्यों लगे हो?' उत्तर मिला : 'क्योंकि आप इतनी आकर्षक हैं।' मैं? मैं तो बूढ़ी हुई; अब क्या आकर्षक हो सकती हूँ?' युवक ने बताया कि वह नो अभिनेता है और मंच पर वृद्धाओं की भूमिका करना चाहता है। इस पर वृद्धा ने समझाया, यदि उसे नो अभिनेता के नाते प्रसिद्धि पानी है तो उसे प्रकृत जीवन का अनुकरण नहीं करना होगा, न अपने स्वर का संगीत कुचलकर बूढ़ा स्वर अपनाना होगा; उसे अपने दिल में कहीं बुढ़िया खोजनी होगी और उसी को अभिव्यंजना देनी होगी।

स्वयं नाटकों में मैंने एक सौन्दर्य और सूक्ष्मता पायी है जिसका आधार शायद वैसी तीन धाराएँ हैं जिनसे नो पुष्ट हुआ। प्रेम-विरह, माता-पुत्र अथवा पिता-दुहिता का प्रेम-वात्सल्य, किशोर-किशोरी का आकर्षण—इनकी उदात्त प्रस्तुति का आधार तो सामन्ती जीवन रहा हो सकता है; पर जिस चरित्र के साथ घटनाएँ घटित होती हैं वह प्रायः दूर देश से आया हुआ बौद्ध श्रमण होता है : यदा-कदा लक्षित होने वाली बौद्धिक बारीकी मूलतः बौद्ध ही होती होगी। 'घटना' प्रायः किसी पवित्र-स्थल अथवा कब्रगाह में प्रेत, देवी-देवता के साथ साक्षात्कार होता है। इनसे मुझे कभी-कभी अपने आयरी पुराण और लोक-विश्वासों की याद आ जाती है--हो सकता है कि कभी उनमें और शिन्तो विश्वासों में विशेष अन्तर न रहा हो।

(जापानी नाटक में) चन्द्रमा की देवता अपनी पंखों की चादर खो जाने से आकाश को नहीं लौट सकती; हमारी सागर-परी अपनी लाल टोपी न मिलने के कारण स्थल पर अटकी रहती है। **निशिकिगी** के प्रेत-प्रेमी मुझे लेडी ग्रेगोरी की कथा के एरन प्रदेश के उस किशोर-किशोरी की याद दिलाते हैं जो मृत्यु के उपरान्त विवाह के लिए प्रस्तुत होते हैं। जापानी नाटककार कवि में भी कब्रगाह अथवा वनस्थली के प्रति वैसा ही भव्य आतंक का भाव लक्षित होता है जैसा हमारे गेलिक-भाषी देहातियों में कभी हैकेट दुर्ग अथवा किसी पवित्र कुएँ का उल्लेख होने पर देखा जा सकता है। कदाचित् इसीलिए उनके इतने नाटकों का आरम्भ किसी यात्री द्वारा मार्ग पूछे जाने के साथ होता है। यह युक्ति मुझे अच्छी लगती है; मैंने भी जब आयरी मंच के लिए नाटक लिखना प्रारम्भ किया था तो बड़े यत्न के साथ ही घटनास्थलों के साथ उसकी पुरानी रहस्यमयता का भी आह्वान करने का लोभ-संवरण किया था। यों मैं अपने नाटक की घटना को बेल की सागर-तटी पर स्थित कर सकता था, पर मुझे तीव्र गति से होने वाली घटना में इसके लिए गुंजाइश नहीं दिखती थी कि तटी अथवा सागर का अथवा उस महावृक्ष का वर्णन करने के लिए विराम पाऊँ जो कभी वहाँ खड़ा रहा होगा... **राजा की देहरी** वाले नाटक में भी, मैं प्राचीन कथा का आरम्भ करने से पहले गोर्ट प्रदेश की उथली नदी, चट्टानी खेत और जहाँ-तहाँ खड़ी विरल तरु-राजि का ब्यौरा नहीं दे सका। किन्तु **निशिकिगी** में तो कथा की करुणा बिल्कुल खो जायेगी यदि हम उस विस्मृत कब्र को न देख सकें जहाँ 'जावन्ती और सोनगाभा

के फूलों के बीच छिपी लोमड़ी' का वास है! जिन कवियों ने इन रीतियों का आविष्कार किया, वे ग्रीक रोमन कवियों की अपेक्षा भी हमारे अधिक निकट थे, बल्कि शेक्सपीयर अथवा कार्नेय् की अपेक्षा भी हमारे निकटतर थे। उनके भाव हमेशा आत्म-चेतन और स्मृति पर आधारित होते थे, सदैव चित्रों और कविताओं से जुड़े रहते थे। काल जो कुछ ले गया है, या ले जायेगा, उस सबको वे नापते थे और कथा-प्रसिद्ध प्रेमियों को उन्हीं के प्रिय परिदृश्य में याद करने में उन्हें सुख मिलता था। अद्‌भुत और चित्रमय की खोज में वे निरन्तर यात्रा करते थे : 'बिना किसी विशेष स्थान पर ध्यान जमाये मैं बादल की तरह भटकता हूँ। अब उस तरफ जाने से ही कहाँ पहुँचूँगा—सागर तट पर, या उस छोटे-से गाँव केफू तक जो, सुना है, किनारे दुबका हुआ-सा टिका है'...यात्री राह चलती कुछ लड़कियों से मार्ग पूछता है तो वे पहचान के लिए चीड़ के कुछ वृक्ष बताती हैं—उन्हें पहचानने में उसे कोई दिक्कत न होगी क्योंकि 'बहुत से चित्रकारों ने उनके चित्र आँके हैं'...

क्या यह मेरी कल्पना ही है कि मैं नाटकों में एक ही रूपक देख रहा हूँ, जैसा कि चीनी-जापानी चित्रों की लययुक्त रेखाओं में गूँजता रहता है? (कुछ ही अनुवाद अभी तक हुए हैं, और संयोग या किसी एक कवि के रुचिवैचित्र्य के कारण धारणा ग़लत भी हो सकती है।) **निशिकिगी** में प्रेमिका का प्रेत वह पट लिये हुए आता है जिसे कन्या उस समय भी बुनती रही थी जब उसे प्रेमी के लिए किवाड़ खोल देने चाहिए थे—और वाचिक में भी, घटना में भी, बार-बार घास की बुनती का बिम्ब प्रकट होता है। प्रेत-देह में यातना भोगते हुए प्रेमी अपने अधूरे प्रेम के लिए दुखी हैं तो 'घासों के उलझे चित्रों से उलझे' हैं; अन्यत्र वे 'एक अधूरा बुना कपड़ा' हैं : 'बिना बाने के ये देहें अब भी जुड़ नहीं सकीं—कितनी लज्जा की बात है, और देवताओं के लिए भी पीड़ा की...' बौद्ध श्रमण को कब्र तक लाने से पहले प्रेत-युगल 'केफू की घास से ढक गयी पगडंडियों से घास हटाने में' सारा दिन बिता देता है; जो ग्रामीण उन्हें पथ दिखाता है वह भी 'पहाड़ी पर घास काट रहा था।' जब भिक्षु उन्हें विवाह-बन्धन में बाँध देता है तब वधू कहती है कि उसने 'जंगली घास पर एक स्वप्न-सेतु बाँध दिया है—उस घास पर जिसमें मैं रहती हूँ; अन्त में वर-वधू क्षण-भर के लिए 'मिलन की घास की छाया में से' झाँकते हैं...

हागोरोमो में इसी प्रकार सागर-परी की पंखों की चादर से बिम्बों की लय उत्पन्न की जाती है। वसन्त के पहले दिन में 'आकाश के डैनों से न पंख झरते हैं न आग', 'न चट्टानी धरती को तारे अपने पंखों के लहँगे से अधिक सहलाते हैं।' सैकड़ों जापानी चित्र आधे याद आ जाते हैं—या कोई एक हठात् स्मृति के सामने प्रत्यक्ष हो उठता है। जैसे कोकिन् द्वारा चित्रित वह तिरस्करणी जो कुछ समय पहले ब्रिटिश म्यूज़ियम में प्रदर्शित की गयी थी—जिसमें लहर, बादल और चट्टान सबमें एक ही लहरीले आकार की गूँज थी। यूरोपीय कविता में मुझे शेली की स्रोत और

गुफा, नदी और एकाकी तारे की आवृत्ति याद आती है। हमें नाटक में चरित्र-चित्रण आवश्यक जान पड़ता है; उनके नाटककार उसकी उपेक्षा करते हैं; जैसे कि उनके चित्रकार भी गहराई और उच्चावच की उपेक्षा करते हैं और फूल-सज्जा में भी वे पतली रेखाओं का सहारा लेते हैं। इससे वे सौन्दर्य की सैकड़ों सूक्ष्म सम्भावनाएँ पैदा कर लेते हैं।

इन नाटकों का आविभव निरन्तर युद्धों के युग में हुआ; वे योद्धाओं की शिक्षा का अंग बन गये। इन वीरों के स्वभाव में जितना एकिलिस था उतना ही वाल्टर पेटर भी; इनके साथ ही बौद्ध श्रमणों और नारियों के योग से जीवन को एक सतत उपचार का रूप दे दिया गया था : खेल और चाय-पान से लेकर राजकीय उत्सवों तक छोटी-बड़ी सब क्रियाएँ एक कर्मकाण्ड का अंग बन गयी थीं। उन की दीवारों पर टँगे चित्र और उनके द्वारा पढ़े जाते काव्य में हमें एक महान युग के लक्षण मिलते हैं—एक युग जिसमें एक ओर ऐन्द्रिय संवेदन का सूक्ष्मतम विवेचन है और दूसरी ओर उस संवेदन से अधिक शक्तिशाली बिम्बों का आविष्कार—यानी यथार्थ की चिरन्तन उपस्थिति है। यह बात अब भी सत्य है कि ईश्वर ने हमें अपने वचन के अनुसार केवल अपने विचार और अपनी आस्थाएँ नहीं बल्कि अपना रुधिर, अपनी अस्थि-मज्जा भी दी; मेरा तो विश्वास है कि शास्त्रों और धर्म ग्रन्थों की अपेक्षा कहीं अधिक कला की विशद रीतियों ने मानो अपने भीतर से एक अतिमानवी जीवन की सृष्टि करके मानवों को गौरवपूर्वक मरना सिखाया है। हमारी आस्था उन्हीं विचारों पर होती है जो निरे मस्तिष्क से नहीं, समूचे शरीर से उपजे होते हैं। क्रीटी के संग्रहालय में मीनोस का जो योद्धा अपनी भुजा पर कपोत-अंकित ढाल लिये दिखाया गया है, या जिसके किरीट पर पंख-युक्त घोड़ा शोभित है, वह जीवन में अपना स्थान और अपना धर्म अच्छी तरह समझता था। नोबुआने ने जब शिशु सन्त कोबो का चित्र अंकित किया, जिसमें वह कमलासन पर तपस्या की मुद्रा में बैठा है, तब उसने हमारे सम्मुख जीवन के आकर्षण और मृत्यु के स्वीकार का ही चित्र प्रस्तुत कर दिया था।

मैं नहीं समझता कि उन युवा वीरों और उनकी प्रेयसियों को कार्लाइल का अक्खड़पन और नाटकीय स्वभाव रुचता, न ही उन्हें विक्टर ह्यूगो का बड़बोलापन पसन्द आ सकता। ये प्रवृत्तियाँ एक औद्योगिक युग की हैं, जिसमें विचारों की भी एक यान्त्रिक शृंखला होती है। लेकिन जब मैं उस जापानी मनोरंजन का स्मरण करता हूँ जिसे वे 'धूप-गन्ध सुनना' कहते थे, तो मुझे लगता है कि उनमें कुछ ऐसे अवश्य रहे होंगे जिन्हें वाल्टर पेटर का गद्य समझ में आता, जिन्हें प्यूवी द शावान् के चित्र, मलार्मे और वर्लेन की कविताएँ पसन्द आतीं...वीर-काल जब हमारे युग में लौटा तो अपने पहले उपहार के रूप में लाया—तकनीक की ईमानदारी...

चेतावनी

मानो हरी पहाड़ी पर से
गुज़र रहा हो बादल–
यों भीतर ही भीतर मत मुस्काओ!
लोग जान जायेंगे
हम प्रेमी हैं।

—राजकुमारी साकानोए (8वीं शती)
(मानयोशू संग्रह से)

उलाहना

मुझे नहीं चाहते–
वह होगा—न चाहो–
पर मेरे आँगन में जो खिलेगा
नारंगी का पेड़–
उसे देखने भी न आओगे?

—अज्ञात, (9वीं शती के एक
सुभाषित-संग्रह से)

□□